坂本和久

令和版 困った時はココ!

東京近郊キラキラ釣り場案内60

タナゴ、フナ、ヤマベ、
ハゼ、テナガエビ

JN057760

つり人社

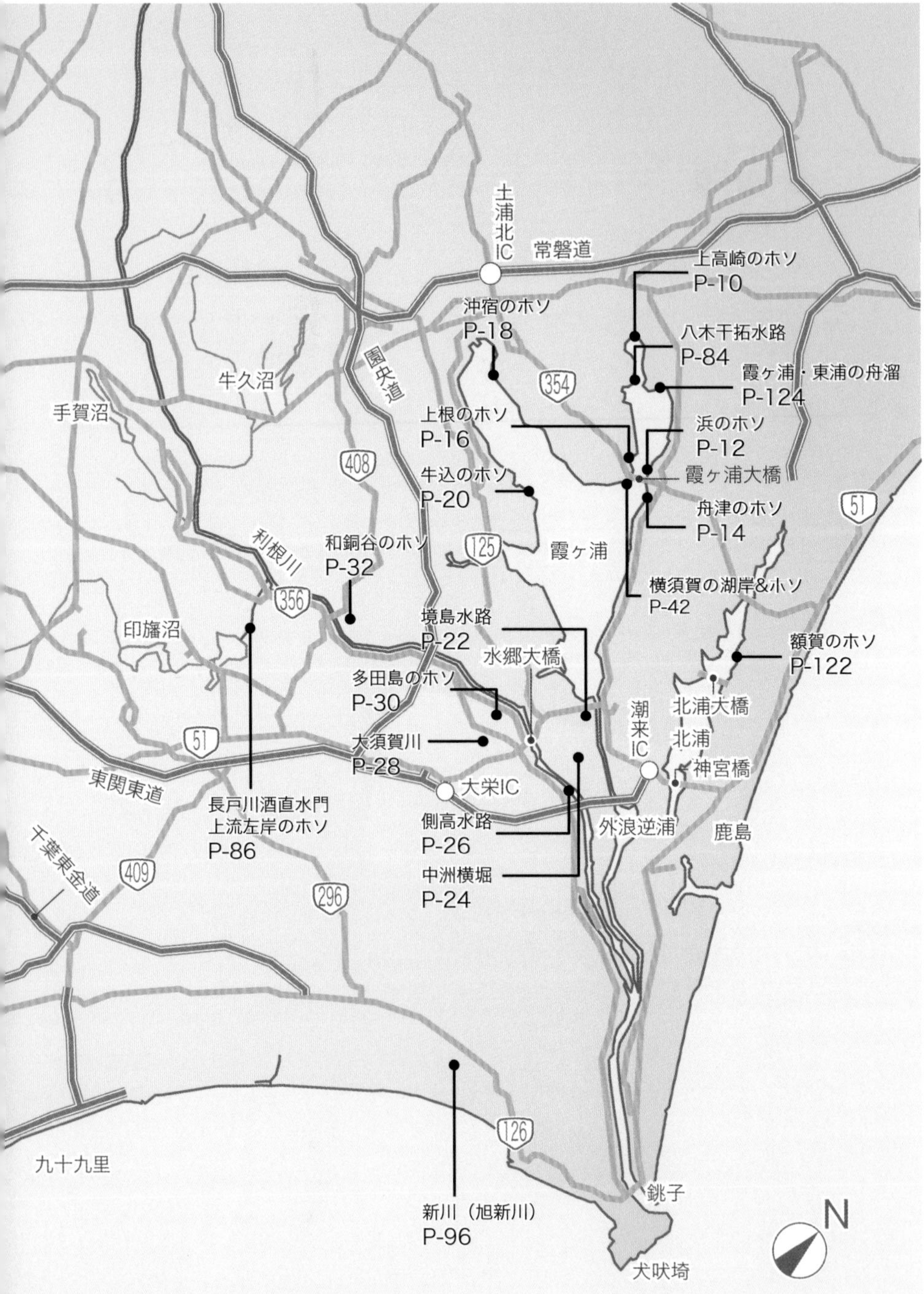
土浦北IC
常磐道
上高崎のホソ
P-10
沖宿のホソ
P-18
八木干拓水路
P-84
霞ヶ浦・東浦の舟溜
P-124
354
牛久沼
園央道
手賀沼
上根のホソ
P-16
浜のホソ
P-12
408
霞ヶ浦大橋
牛込のホソ
P-20
舟津のホソ
P-14
51
和銅谷のホソ
P-32
利根川
125
霞ヶ浦
356
横須賀の湖岸&ホソ
P-42
印旛沼
境島水路
P-22
水郷大橋
額賀のホソ
P-122
多田島のホソ
P-30
北浦大橋
潮来IC
51
大須賀川
P-28
北浦
神宮橋
東関東道
大栄IC
長戸川酒直水門
上流左岸のホソ
P-86
側高水路
P-26
外浪逆浦
鹿島
千葉東金道
409
中洲横堀
P-24
296
126
九十九里
銚子
新川（旭新川）
P-96
N
犬吠埼

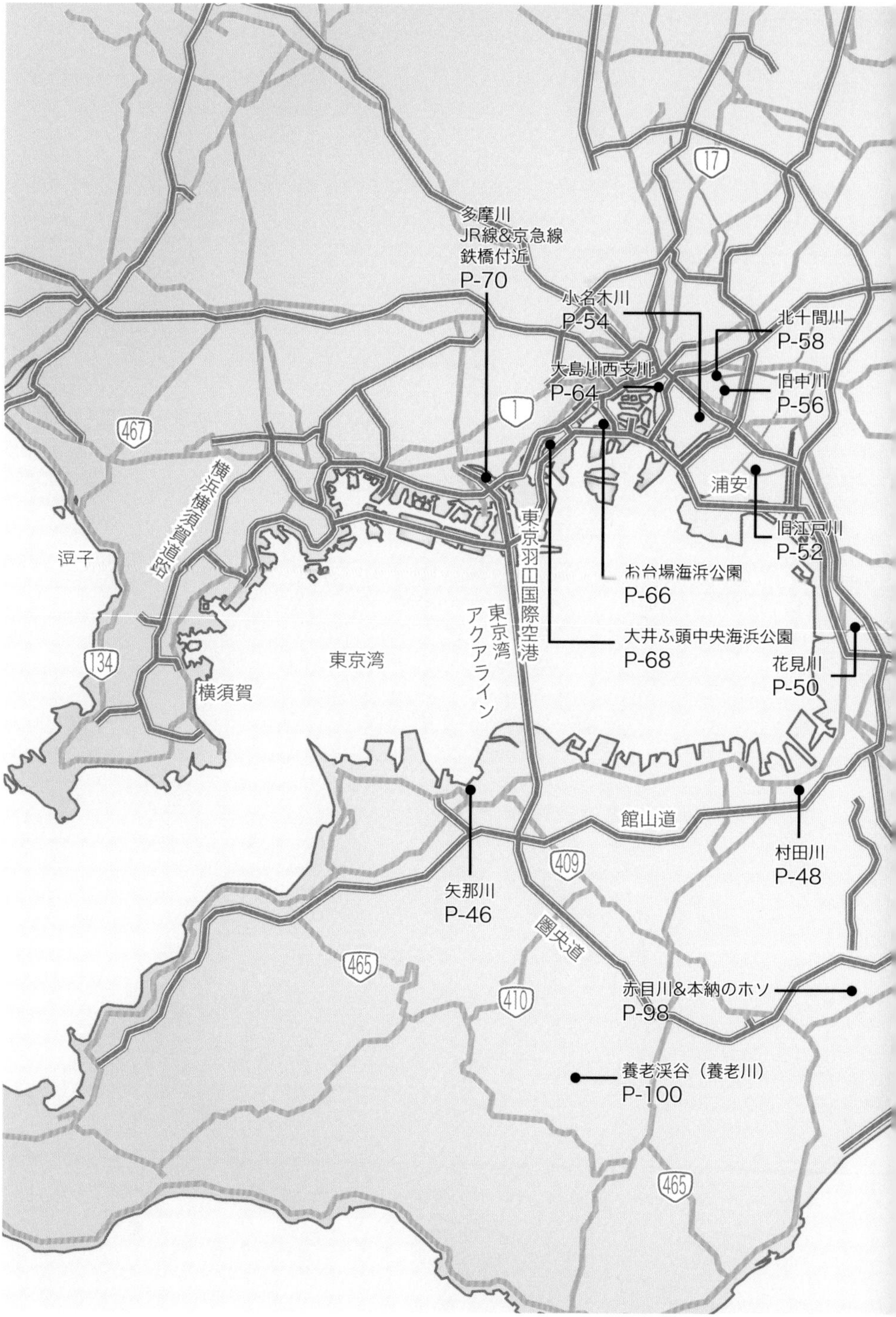

多摩川
JR線&京急線
鉄橋付近
P-70
小名木川
P-54
北十間川
P-58
大島川西支川
P-64
旧中川
P-56
浦安
旧江戸川
P-52
お台場海浜公園
P-66
大井ふ頭中央海浜公園
P-68
花見川
P-50
東京羽田国際空港
東京湾アクアライン
東京湾
横浜横須賀道路
逗子
横須賀
館山道
村田川
P-48
矢那川
P-46
圏央道
赤目川&本納のホソ
P-98
養老渓谷（養老川）
P-100
17
1
467
134
409
465
410
465

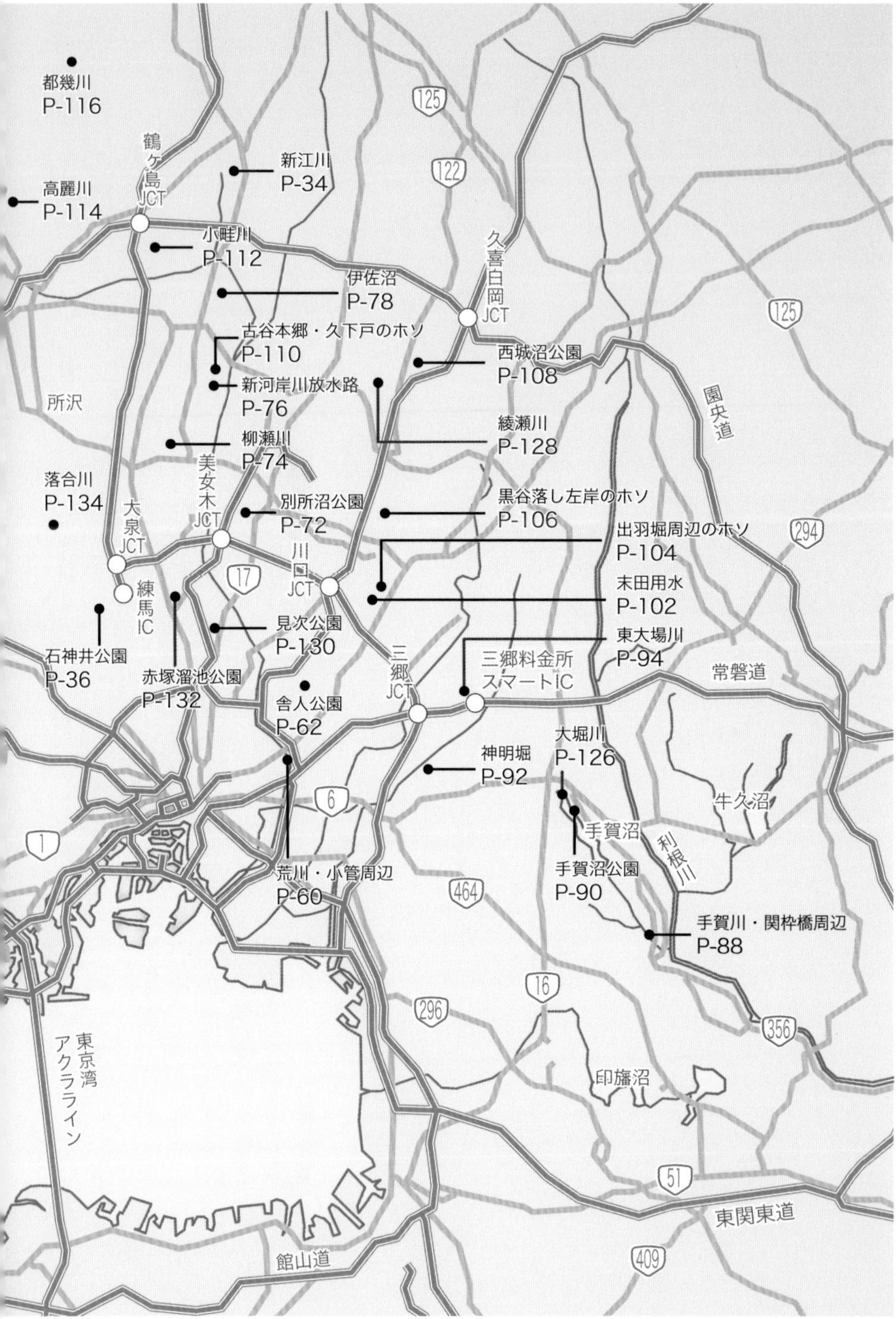
都幾川
P-116
高麗川
P-114
鶴ヶ島JCT
新江川
P-34
小畦川
P-112
伊佐沼
P-78
久喜白岡JCT
古谷本郷・久下戸のホソ
P-110
西城沼公園
P-108
新河岸川放水路
P-76
所沢
綾瀬川
P-128
柳瀬川
P-74
落合川
P-134
美女木JCT
別所沼公園
P-72
黒谷落し左岸のホソ
P-106
大泉JCT
出羽堀周辺のホソ
P-104
川口JCT
練馬IC
末田用水
P-102
見次公園
P-130
東大場川
P-94
石神井公園
P-36
赤塚溜池公園
P-132
三郷JCT
三郷料金所スマートIC
常磐道
舎人公園
P-62
大堀川
P-126
神明堀
P-92
牛久沼
手賀沼
利根川
荒川・小菅周辺
P-60
手賀沼公園
P-90
手賀川・関枠橋周辺
P-88
圏央道
印旛沼
東京湾アクラライン
東関東道
館山道
125
122
294
17
6
1
464
16
296
356
51
409

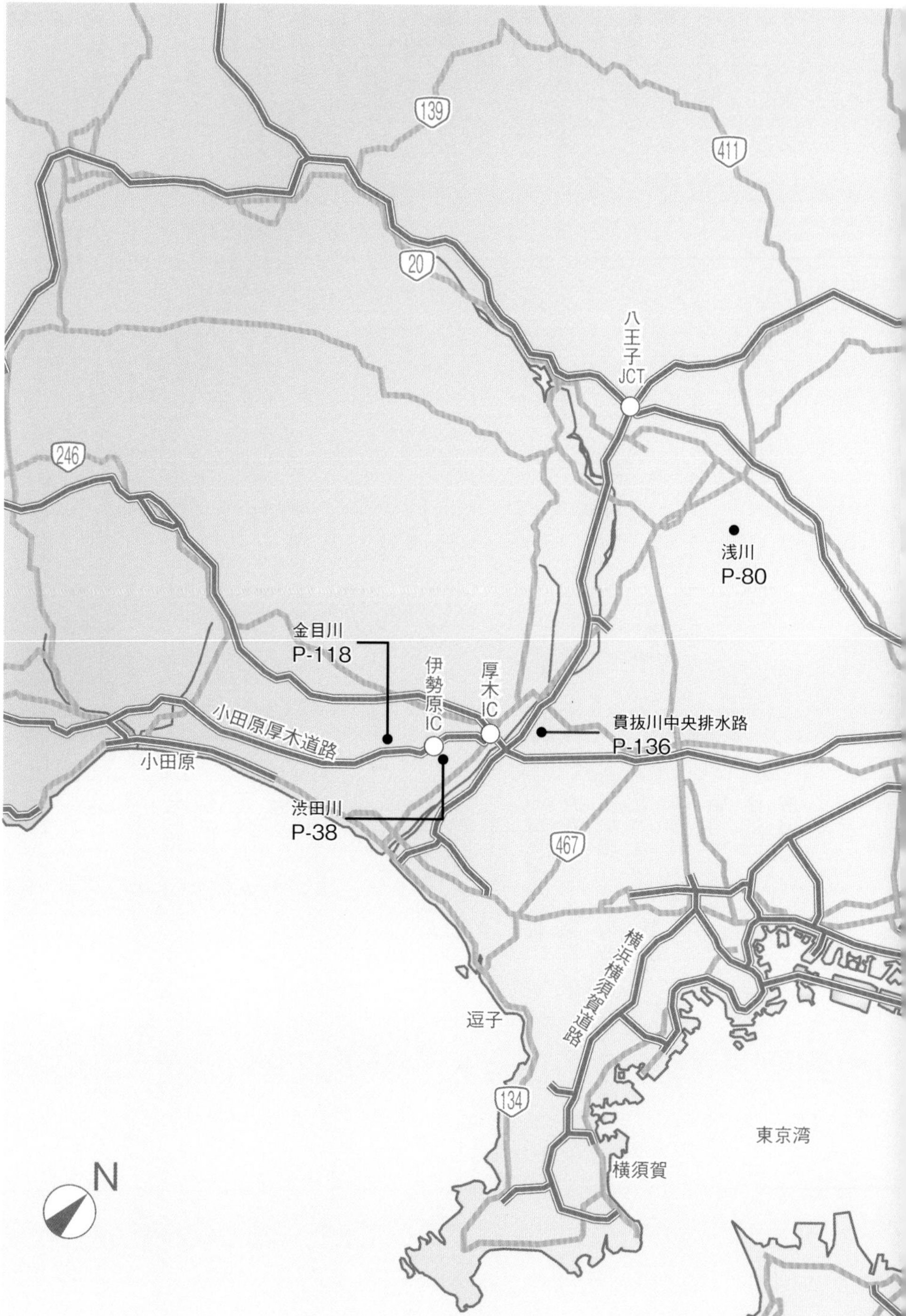
139
411
20
八王子
JCT
246
浅川
P-80
金目川
P-118
伊勢原
IC
厚木
IC
小田原厚木道路
貫抜川中央排水路
P-136
小田原
渋田川
P-38
467
横浜横須賀道路
逗子
134
東京湾
横須賀
N

目次

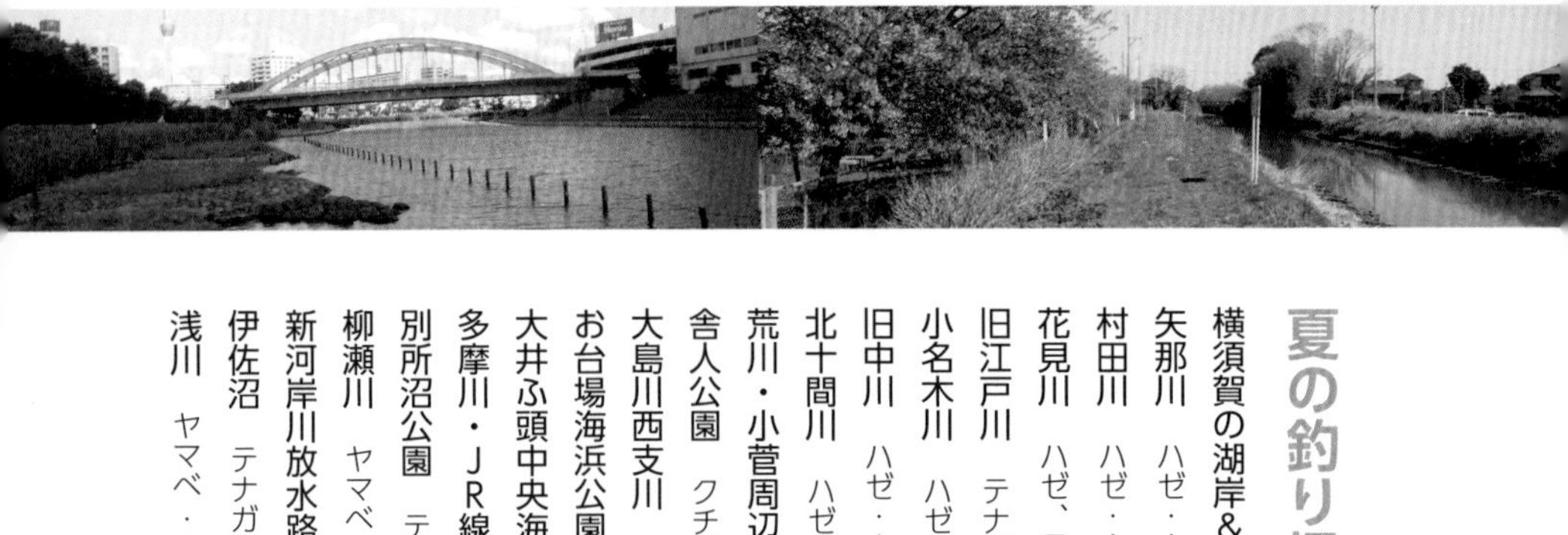

秋の釣り場

冬の釣り場

Column

装丁　坂本成志［神谷利男デザイン］
地図・仕掛け図　堀口順一朗

はじめに

前作のキラキラ釣り場案内出版から3年、僕は変わることなく今も小もの釣りの世界にどっぷりと浸かっています。小もの釣りは奥が深く、探求すればするほど、その魅力に引き込まれていきます。それほどまでにこの世界は楽しいのです。

第2弾の本書（令和版）では、メジャーな釣り場から、僕のとっておきの釣り場までを揃えました。

1人でも多くの人が小もの釣りに興味を持っていただけたら、こんなにうれしいことはありません。少しでも参考にしていただけたら幸いです。

本書の使い方

本書は、春夏秋冬順に東京近郊の淡水・汽水の小もの釣り場を収載したガイドブックです。主な対象魚は、マブナ、ヘラブナ、タナゴ類、テナガエビ、ハゼ、ヤマベ、クチボソ、モロコなど。またその場所で釣れる他の魚も記してあります。

各釣り場は春夏秋冬の順に解説していますが、釣り場によっては複数の季節がシーズンとなる場合もあります。

また、地図にローマ字で記した釣り場名は、釣り人に親しまれている呼称であり、必ずしも正式なものとは限りません。

【お断り】

本書は書き下ろしになります。各釣り場の情報は、基本的に令和2年12月時点までのものです。自然災害、工事や規制等さまざまな事情により釣り場がその後大きく変化していることもあり、すべての現地情報を保証するものではありません。釣行の際には、事前に最寄りの釣具店等で改めて情報をご確認ください。

淡水・汽水の小もの釣り場は人家や田畑、各施設等の近隣であることが多く、周辺住民や農家の方などに迷惑がかからないようにくれぐれも注意して、そのうえで釣りをお楽しみください。

（つり人社より）

春の釣り場

田んぼに水が通水されると
それを待っていたかのように、
産卵を意識した魚たちが
ホソと呼ばれる水路に乗っ込んでくる。
春は小もの釣りにとって
最もダイナミックな季節だ。

茨城県石岡市

上高崎のホソ

マブナ

霞ヶ浦東浦の上高崎のホソは、毎年春の乗っ込みブナが楽しめる。幅1・5mほどの湖岸のホソであるが、タイミングがバッチリ合うとバリバリ釣れる釣り場だ。

例年3月上旬から釣れ始め、長い時は5月中旬まで楽しめる。ピークは3月中旬から4月上旬。釣果のカギは雨と気温で、雨後の暖かくなる時がチャンスだ。

上高崎機場周辺と山王川方面に向かうホソの実績が高く、ポイントの目安としてホソの支柱の両サイド、縦ホソの合流点、ホソのクランク、水門周辺等を探ろう。

浅場の土煙サインを見逃すな

上高崎のホソは浅い場所だと20～30㎝しかない。このような所では時に土煙が上がるので、こんな時はマブナがいる可能性があると考えよう。静かに釣ればマブナはエサを食ってくる。

縦ホソの合流点やクランク、水門周辺はほかより少し深くなっていて、マブナが止まる場所だ。また、その周辺のカケアガリも忘れずに探りたい。

仕掛けは2・4mのマブナザオに、遅ジモリバランスに仕上げたシモリ仕掛け。ハリは袖5号、ハリス0・6～0・8号7㎝。上バリと下バリの2本バリが大変有効だ。

エサはキヂ（ミミズ）をメインに赤虫があると万全。キヂの場合、細いものは3～4匹付けてボリュームを持たせ、赤虫は8～10匹とたっぷり装餌してアピールする。

マブナが釣れる時は、仕掛けが馴染んですぐにアタリが出ることが多い。寒の戻り等で極端に食いが悪い時は別だが、食い気のあるマブナを足で探してほしい。

人気釣り場ゆえに人も多く、ねらわれてスレたマブナも多いかもしれないが、春はタイミング！　大型のマブナがサオを絞ってくれる楽しい釣りも夢ではない。

なお、外道で大型のコイも多い。

ACCESS

クルマ

常磐自動車道・千代田石岡ICで降りR6に入り、貝地交差点を右折で県道118号に入る。高浜方面に走り、常磐線の線路を渡り道なりに直進。山王川を渡りすぐ右折して上高崎のホソへ。

上高崎のホソ
Kamitakasaki
no
hoso
高浜
高浜駅
118
144
山王川
有望エリア
上高崎機場
愛郷橋
恋瀬川
水門
上高崎揚排水樋管
ツバキ並木
ホソのクランク
常磐線
一の橋
二の橋
三の橋
四の橋
霞ヶ浦
高浜入
石岡市
新川
導水石岡機場
坂井戸舟溜
※釣り禁止
N
×…ポイント
…機場

ポイント例。マブナが止まりやすい場所を捜そう

玉網で大もの取り込み中！

和ザオを絞り込んだ尺ブナ

息子も見事な尺ブナをゲット

ぽってり体形の良型揃い。タイミングが合えば数もまとまる

茨城県行方市

浜のホソ

マブナ

他の魚種
コイ

シーズン
4月中旬
〜下旬

霞ヶ浦に流入する梶無川の下流右岸にある浜のホソ。小ブナ釣り場としてよく知られるが、春の乗っ込み期も充分期待が持てる。

4月中旬過ぎ、霞ヶ浦から産卵のために大型のマブナが入ってくる。浜のホソは、タイミングが合わないと釣果に恵まれることは少ないが、バッチリ合った時には非常に楽しい釣りが出来る。

2019年4月21日、次男の裕次郎と霞ヶ浦各地で乗っ込みブナ釣りを楽しんだ後、第六感が働き浜のホソに

4月中旬以降にXデーの可能性大

やってきた。

時刻はすでに午後3時半を回っていたが、ホソではフナらしきモジリがあちらこちらで見られた。期待して水路の合流点に仕掛けを入れると、いきなりガツンッときて尺ブナがヒット！　この1尾を皮切りに入れ掛かりモードに突入した。

午後6時までガッツリ釣りをして、38㎝を筆頭に尺ブナ8尾、泣き尺2尾、中ブナ2尾の計12尾。裕次郎も尺ブナ7尾に中ブナ1尾の計8尾。まだまだ釣れ続いていたが日の入りのため納竿とした。

このように、タイミングが合うと非常に楽しい釣りが出来るのが浜のホソの特徴。4月中旬以降がXデーとなることが多い。

マブナがたくさん入ってくるので平場でも釣れるが、ホソの合流点や排水パイプ周辺、ホソの曲がり角などはマブナが集まりやすい場所だ。

2・4mのマブナザオに、遅ジモリバランスに整えた2本バリのシモリ仕掛け。ハリは袖バリ5号がよい。エサはキヂ（ミミズ）。

フナの通り道を上手く捉えると、同じポイントで次々にヒットする。あくまでもタイミングが合った場合だが、大きな可能性を秘めた釣り場といえる。

外道で大型のコイも多い。また、小ブナも多く、アタリがあってもハリ掛かりしない場合は小ブナの可能性が高い。

ACCESS

クルマ

常磐自動車道・土浦北IC で降り、R125 経由で R354 を霞ヶ浦大橋方面へ走り、霞ヶ浦大橋を渡り信号左折で梶無川へ。梶無川を渡ると浜のホソ。

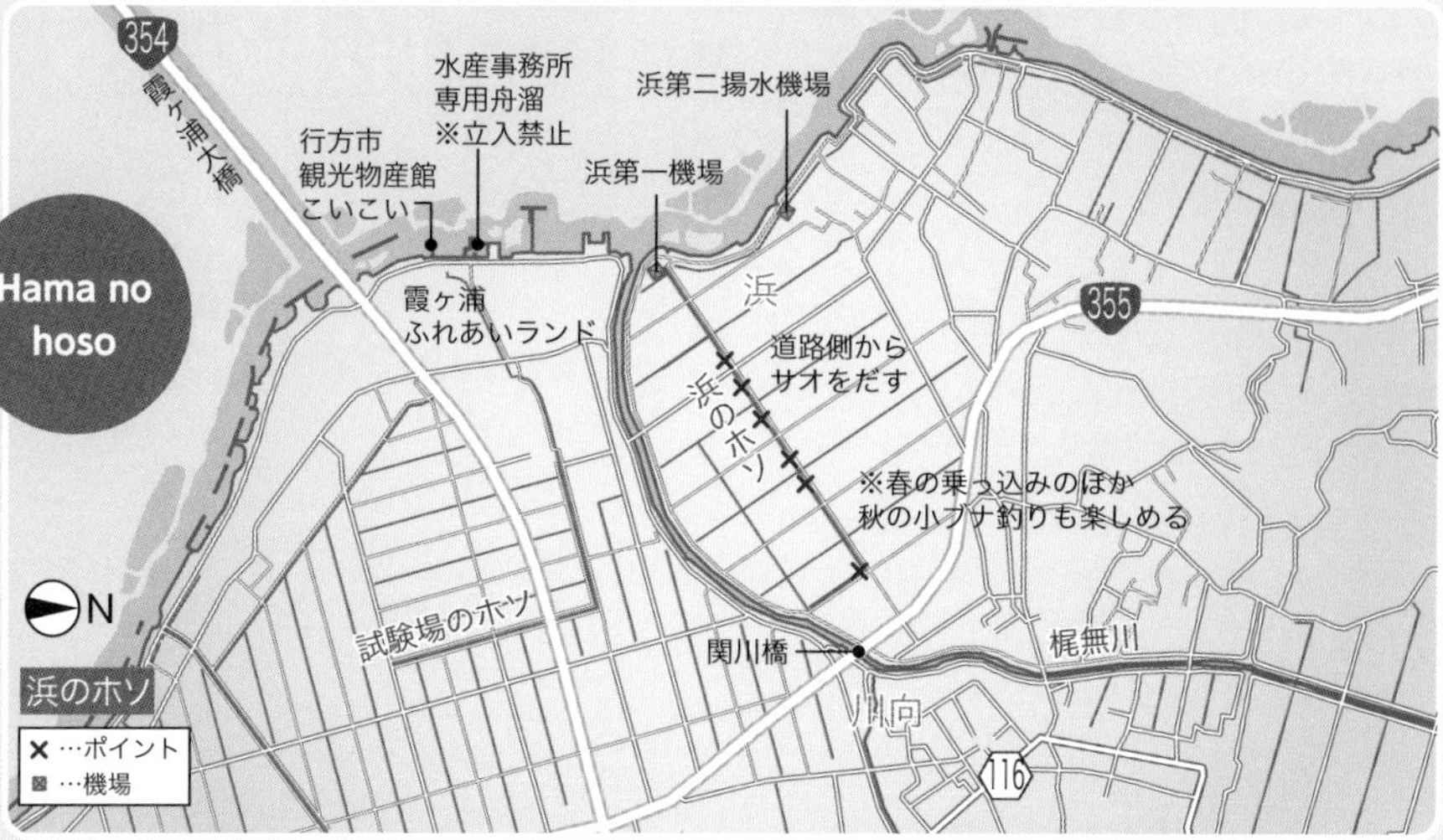
354
霞ヶ浦大橋
水産事務所
専用舟溜
※立入禁止
浜第二揚水機場
行方市
観光物産館
こいこい
浜第一機場
Hama no
hoso
霞ヶ浦
ふれあいランド
浜
355
道路側から
サオをだす
浜のホソ
※春の乗っ込みのほか
秋の小ブナ釣りも楽しめる
N
試験場のホソ
関川橋
梶無川
浜のホソ
川向
116
×…ポイント
…機場

小橋の下をねらう

色味の濃い尺ブナ

息子の尺ブナは銀白色系

この日はタマヅメに入れ掛かりモードに突入

茨城県行方市

舟津のホソ

マブナ

他の魚種
コイ

桜並木のお花見釣り場

霞ヶ浦東浦の手賀地区舟津のホソは、桜が湖岸の土手に植えられていて見事な桜並木でお花見釣り場として定評がある。桜の見頃は4月上旬から中旬にかけてで、東京より2週間ほど遅く満開となる。

満開の桜の下でサオをだせる釣り場はそうはないが、マブナが釣れだすのは3月中旬以降からで5月下旬まで楽しめる。

舟津のホソは1・5mほどのコンクリート水路で水深は50～80㎝。ポイントは、縦水路の合流点、ホソの支柱の両サイドが中心となる。

基本はホソのヘチねらいであるが、舟津のホソは水面にボサが覆いかぶさっている場所が多くあり、そんな場所ではホソの中央部をねらってみるとよい。意外とよく食ってくるのでぜひ試してほしい。釣れるマブナのサイズは中ブナ～尺ブナまで。

水深が浅い釣り場ではないので、良型マブナが掛かると引きが楽しめて面白い。この引きを楽しむだけでも舟津のホソに行く価値がある。

仕掛けは2・4～2・7mのマブナザオか渓流ザオに、遅ジモリバランスに整えた2本バリのシモリ仕掛け。エサはキヂ（ミミズ）。細いものは2～3匹掛けにしてボリュームを持たせてアピールしよう。

仕掛けを投入して、マブナがいればすぐにアタリがあるはず。誘ってみてもアタリがない場合はどんどん次のポイントに移動しよう。

シモリウキがクックッと引き込まれたり、沈んでいたシモリウキがふわっと浮き上がってきたり、スーッと引き込まれたりとさまざまではあるが、アタリがあった時はしっかりと合わせよう。

足場から水面までやや距離があるので2mほどの玉網が必要。また、桜の時期以外でもしっかり楽しめるマブナ釣り場だ。

ACCESS

クルマ

常磐自動車道土浦北IC で降り、R125 から R354 に入り玉造方面へ。霞ヶ浦大橋を渡り最初の信号を右折して舟津方面へ。

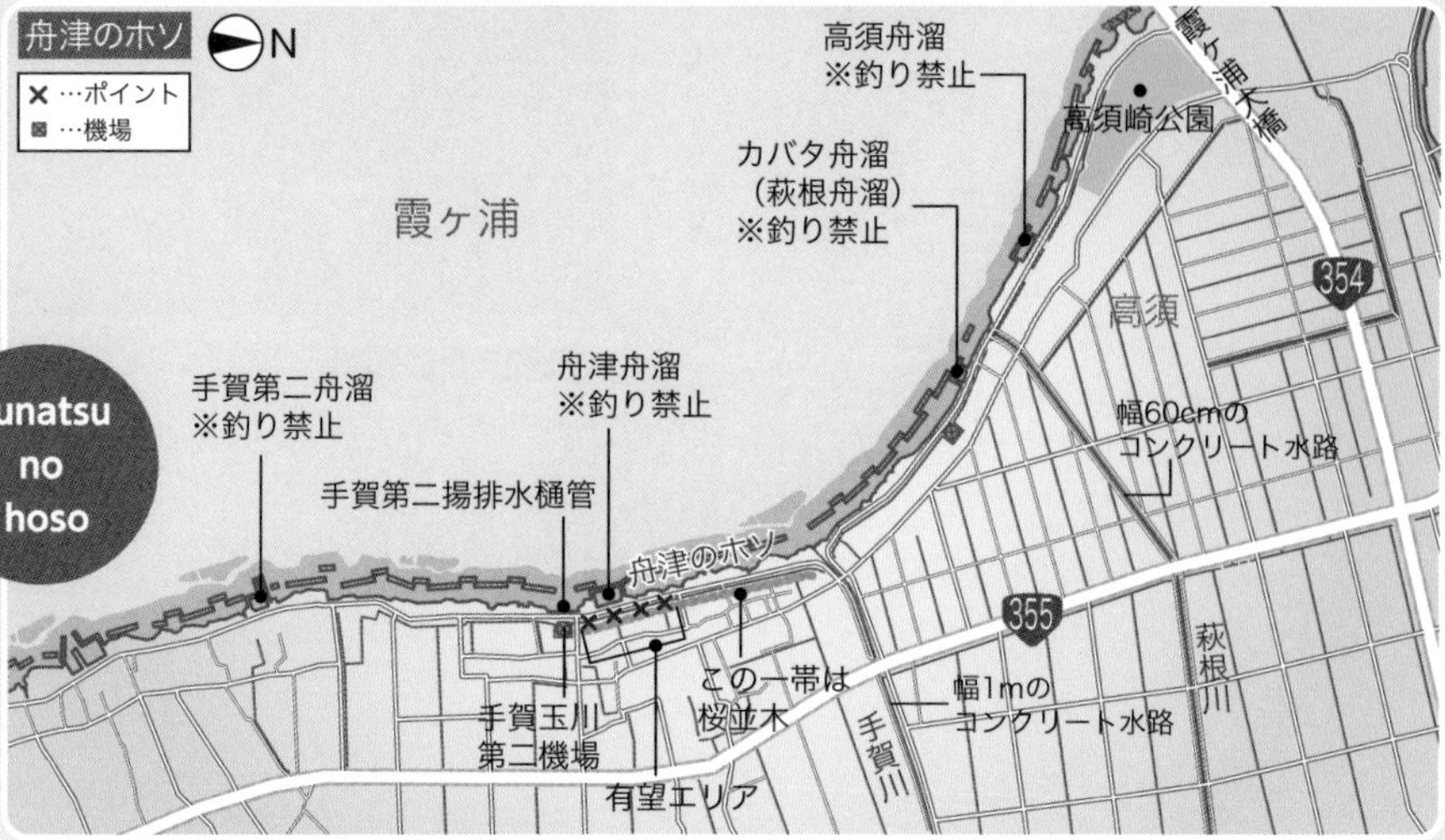
舟津のホソ
N
×…ポイント
…機場
霞ヶ浦
高須舟溜
※釣り禁止
高須崎公園
霞ヶ浦大橋
カバタ舟溜
（萩根舟溜）
※釣り禁止
354
高須
手賀第二舟溜
※釣り禁止
舟津舟溜
※釣り禁止
幅60cmの
コンクリート水路
手賀第二揚排水樋管
舟津のホソ
355
萩根川
この一帯は
桜並木
幅1mの
コンクリート水路
手賀玉川
第二機場
手賀川
有望エリア

Funatsu no hoso

桜並木は花をつけ始めたばかり。満開まではもう少しだ

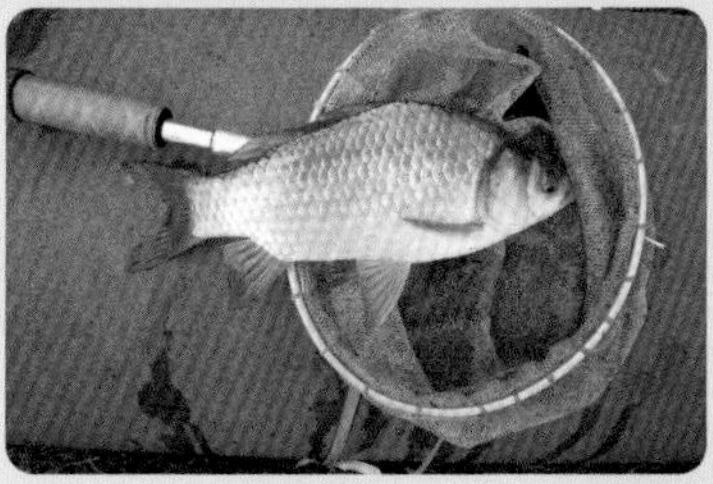

泣き尺ブナ。足もとから水面まで少し距離があるので玉網は必携

小さなホソを所せましと走った尺ブナ

雨の日もまた春ブナ釣りの風情がある

茨城県かすみがうら市

上根のホソ

マブナ

霞ヶ浦東浦に流入する菱木川。その菱木川の河口付近の右岸から田伏湖岸に向かっているホソが上根のホソで、幅1mほどのコンクリート水路。

以前は毎年安定した釣果に恵まれていた釣り場であったがここ数年はムラがあり、釣果もパッとしなかった。

2019年4月下旬。息子の裕次郎と釣行したところ、僕にはフナの女神はほほ笑まなかったが、裕次郎には良型マブナが連発した。

ポイントは上根機場を挟んで、菱木川方面のホソと、田伏方面のホソ、そして機場周り。

釣果はタイミング次第！

菱木川方面のホソは、菱木川に近くなるにつれてだんだんと浅くなり、ヘチ寄りにボサが多かったり、ホソの中に草が生えていたりする。このボサが非常に釣りづらいのだが、それが幸いしてサオ抜けポイントになっていたり、マブナの隠れ家になっていたりする。

菱木川と並行して流れる辺りは水深が浅すぎてポイントとはいえないが、その手前付近の水深20cmほどの浅場のボサには、良型のマブナが隠れていることもあるので見逃せない。水路の合流点も小深くなっていて一時的にマブナが立ち止まるポイントだ。

反対側の田伏方面のホソは、一般的なホソで大きな変化はない。水深は40～60cm。ねらいめは土管やヒューム管の落とし口などであるが、こちらは大きな変化がないぶん、足で広くヘチを探るとよいだろう。

機場周りもよいポイントだ。少し足場が高くて不安定だが、ホソのクランク部分を中心にヘチを探るとよい。

仕掛けは、マブナザオもしくは渓流ザオ2・4mに、遅ジモリバランスに整えた2本バリのシモリ仕掛け。エサはキヂ（ミミズ）。

近年はムラのある釣り場になってしまったが、タイミングよく釣れる時もあるので、知っていて損はない。コイが多いのが難点。釣れるマブナのサイズは中ブナ～9寸（27cm）が中心。

ACCESS

クルマ

常磐自動車道・土浦北ICで降り、R125を経由しR354を霞ヶ浦大橋方面へ。霞ヶ浦大橋手前を左折して湖岸沿いの道へ入り菱木川を目差す。

Kamine no hoso

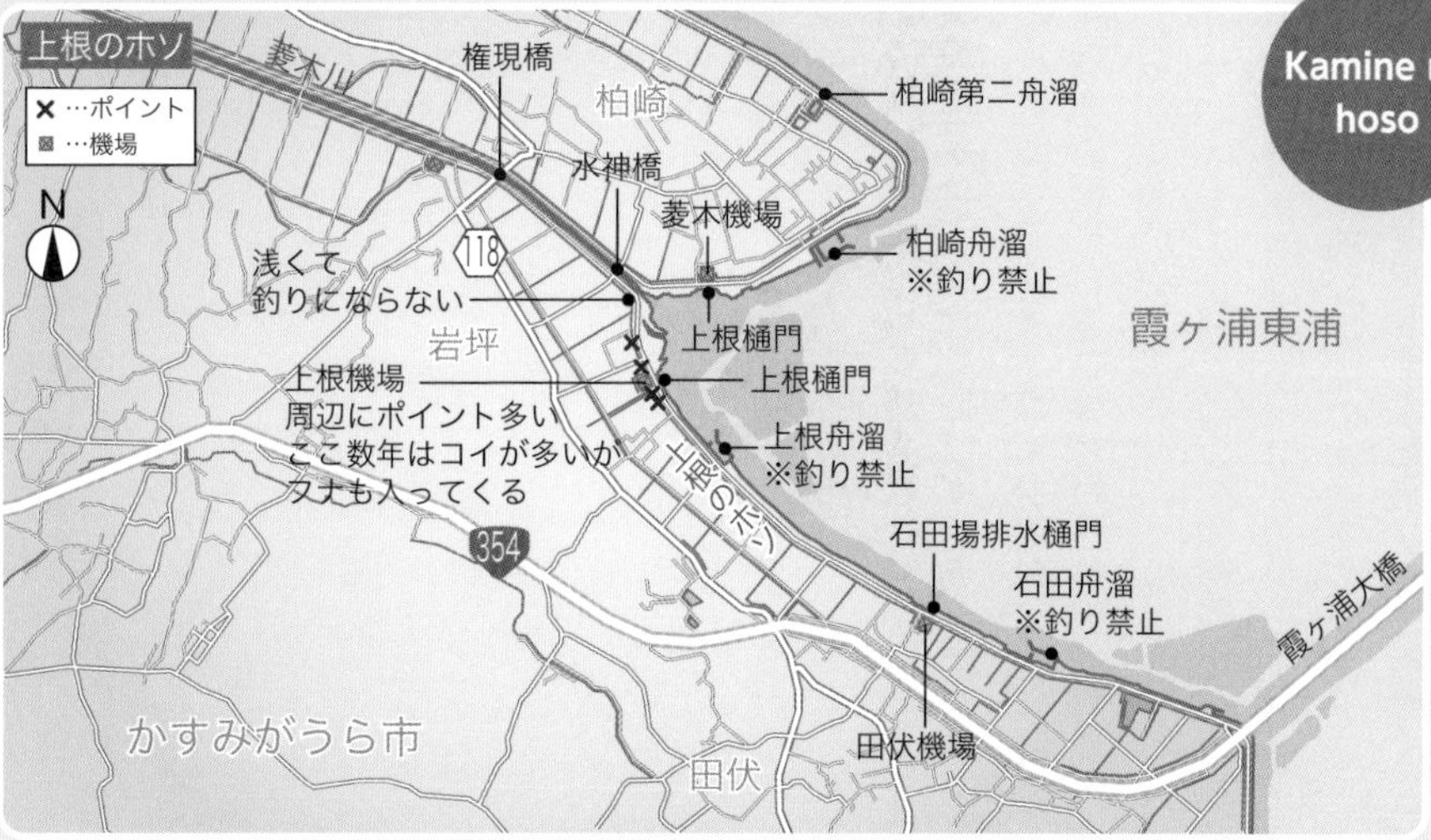
上根のホソ
×…ポイント
…機場
N
菱木川
権現橋
柏崎
柏崎第二舟溜
水神橋
菱木機場
柏崎舟溜
※釣り禁止
118
浅くて
釣りにならない
岩坪
上根樋門
霞ヶ浦東浦
上根機場
周辺にポイント多い
ここ数年はコイが多いが
フナも入ってくる
上根樋門
上根舟溜
※釣り禁止
上根のホソ
354
石田揚排水樋門
石田舟溜
※釣り禁止
霞ヶ浦大橋
かすみがうら市
田伏機場
田伏

傾斜があるので少し離れるとただの切れ目にしか見えない。まさに「ホソ」

良型を取り込む

クランク部は見逃せない

8寸クラス。ここは9寸くらいまでのフナが多い

茨城県かすみがうら市
沖宿のホソ
マブナ

3つの機場からなる広い釣り場

茨城県土浦地先の沖宿のホソは、以前大釣りをした僕の思い出の釣り場。大型マブナ連発の記憶は今でも鮮明に残っている。暖かい雨が降った後で気温も上がり、はじめはコイの連発だったのだが、マブナが釣れ始めると尺ブナを含め良型のマブナがバリバリ釣れた最高の春の日であった。

今では大人気釣り場の1つの沖宿のホソは、沖宿第一機場から第三機場先までと釣り場は広範囲であるが、2020年現在は第二機場から第三機場周辺が面白い。

第一機場周辺は最近パッとしないが、過去には大型も上がっているからサオをだしてみる価値は充分ある。

第二機場周辺は水況による変化が大きくてムラのある釣り場だが、よい時はバタバタッと釣れる。2020年3月上旬も先輩方と訪れたが、悪い状況下にもかかわらず8寸（24㎝）と尺ブナをキャッチ出来た。

第三機場周辺も安定している。もちろん状況次第ではあるが、良型のマブナに出会えるチャンスは大いにある。

釣期は3月上旬から5月上旬までとホソの釣り場としてはロングランであるところもうれしい。早期から釣れ出すが、ハタキがあるのは3月中旬から4月上旬が多い。

仕掛けは、2・4〜2・7ｍのマブナザオもしくは渓流ザオに、遅ジモリバランスに整えたシモリ仕掛けの2本バリ。エサはキヂ（ミミズ）で、食い渋り時を想定して赤虫も持っていると安心だ。

ポイントの目安はホソのヘチを基本に、水が落ちている場所、小橋の陰、土管下、排水パイプの周辺、機場周りなどで、丹念に足を使って探り歩くことが大切である。マブナがいればすぐにエサを食ってくるはずで、あまりアタリがない場所には長居は無用だ。

大人気釣り場となった今でも、爆発的な釣りが期待できる釣り場の1つ。雨後がねらいめだ。

ACCESS

クルマ

常磐自動車道・土浦北ICで降り、R125、354経由で手野町南交差点を右折して県道118号（石岡田伏土浦線）に入る。田村を過ぎると沖宿で、そこから湖岸方面に入る。

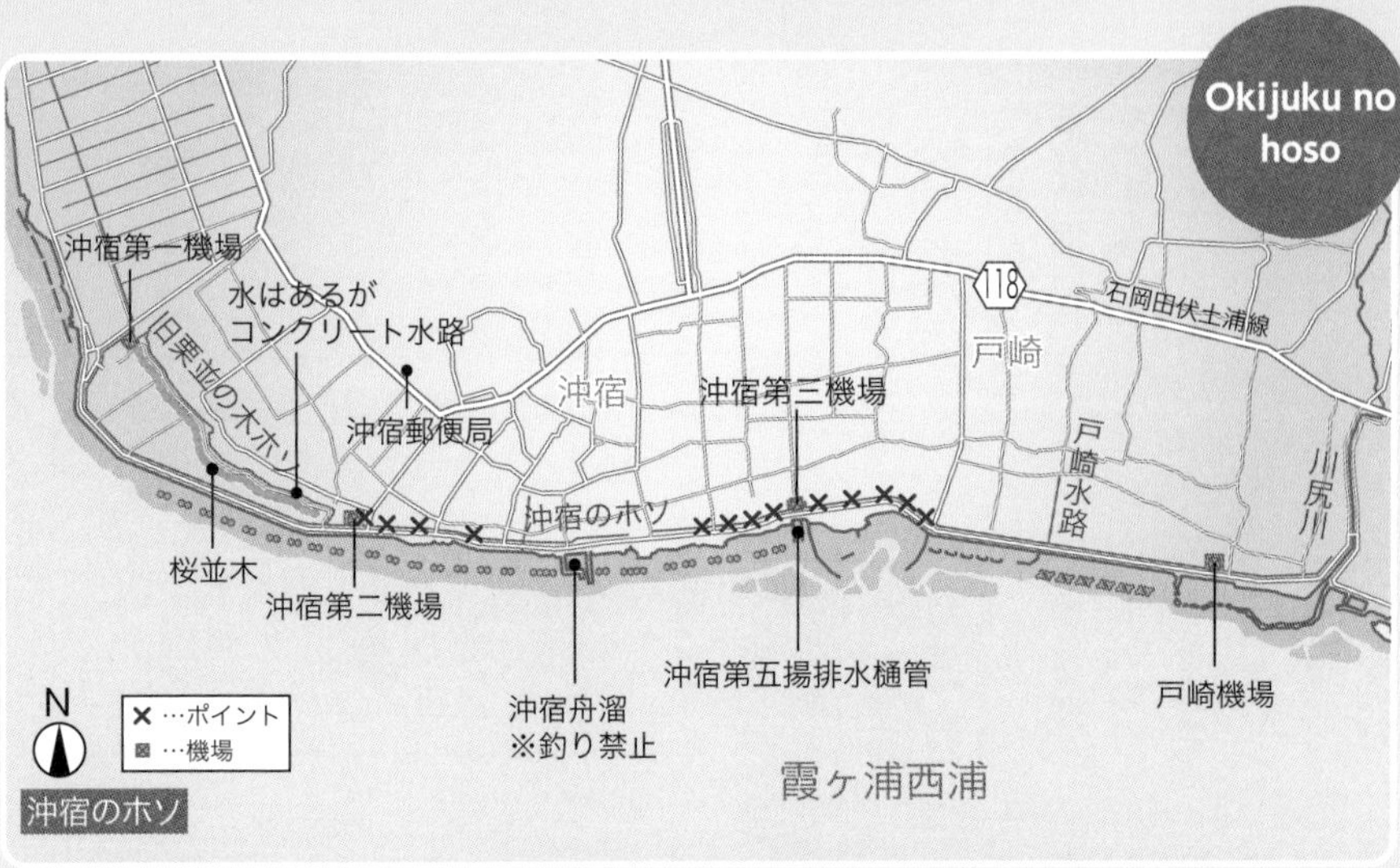
Okijuku no hoso
沖宿第一機場
水はあるが
コンクリート水路
旧栗並の木ホソ
沖宿郵便局
沖宿
沖宿第三機場
118
石岡田伏土浦線
戸崎
戸崎水路
川尻川
沖宿のホソ
桜並木
沖宿第二機場
沖宿舟溜
※釣り禁止
沖宿第五揚排水樋管
戸崎機場
N
✕ …ポイント
▩ …機場
霞ヶ浦西浦
沖宿のホソ

第二機場周辺

ポイント例。白泡付近から水が流入している。
また右側に小橋も絡む

第三機場周辺

玉網から
はみ出そう
な尺ブナ

茨城県美浦村

牛込のホソ

マブナ

他の魚種

コイ、ニゴイ、アメリカナマズ

水田地帯の水路巡り

茨城県稲敷郡美浦村にある霞ヶ浦西浦南岸の牛込のホソ一帯には、水田地帯が広がっている。

例年、水が動き出す4月中旬になると、霞ヶ浦からマブナが入ってきて春ブナ釣期がスタートする。

根火機場を中心に八井田機場方面のホソ、牛込川方面のホソと約1㎞の釣り場。1・5ｍのコンクリート水路であるが、縦水路の合流点、排水口周り、マブナの通り道となる機場周辺がねらいどころ。また、春ブナは広く動くので、ホソの支柱の両サイドも忘れずに広く探りたい。

仕掛けは2・4ｍのマブナザオに、遅ジモリバランスに整えたシモリ仕掛けをセット。ハリは袖5号の2本バリ仕掛けが有効だ。エサはキヂ（ミミズ）。

2015、2019年は4月中旬に釣れだし、それぞれ尺ブナを含めた良型ブナ10尾前後の釣果が出ている。

通常は4月中旬がねらいであるが、2014年はちょっと遅くて5月18日であった。この日は午後から食いが立って、2箱持参したキヂがなくなってエサ切れ納竿となってしまった。尺ブナ6尾を含む33尾のマブナが釣れてとてもよい思いをしたが、まだ釣れ続いていただけに、エサ切れが大変悔やまれた一日でもあった。このようなチャンスはそうあるものではないので、エサは多めに用意しておくべきと改めて感じた。

2014年は続きがあり、翌週の5月25日も友人同行で釣行して、それぞれ尺ブナを含め10尾前後の良型ブナを手にしている。

5月に釣れたのは今のところこの年だけなので、何かの状況の違いで遅かったのかもしれないが、4月中旬を念頭に、5月も頭の中に入れておいてもよいかもしれない。

いずれにしても、期待に応えてくれる釣り場であることには間違いない。

マブナのほか、コイ、ニゴイ、アメリカナマズ等の外道も多い。

ACCESS

クルマ

常磐自動車道・桜土浦ICで降りR125バイパス経由で木原台交差点を左折して県道68号、旧道R125に入り県道120号へ。根火辺りで湖岸方面へ入る。

霞ヶ浦西浦
根火機場
タイミングが合うと根火機場から
どんどんフナが入ってくる
八井田揚排水樋管
八井田舟溜
※釣り禁止
この間も
有望ポイント
小水門
小ブナが
多いエリア
牛込舟溜
※釣り禁止
馬掛第一
機場
馬掛のホソ
牛込川
牛込のホソ
八井田機場
八井田のホソ
牛込
八井田
120
上新田木原線
根火
✕…ポイント
…機場
N
牛込のホソ
Ushigome
no hoso

水田風景も満喫できる

水門＋排水口の好ポイント

屈曲部もねらいめ

尺ブナが来た！

春の日差しを浴びて輝くフナたち

茨城県稲敷市

境島水路

マブナ

他の魚種

コイ・ヘラブナ

シーズン

3月下旬〜5月上旬

常陸利根川と長島新堀に繋がっている境島水路。春ブナのシーズンともなると多くの釣り人で賑わうが、境島水路の釣り場は2㎞強と広いので釣座に困ることはない。

長島新堀寄りに釣り人が多く見受けられるが、この場所に限らず広大な釣り場を探り歩くと春ブナに巡り合えるだろう。

7寸（21㎝）〜9寸（27㎝）がレギュラーサイズで、超大型は少ないけれど春ブナ特有の白っぽいきれいなマブナが釣れる。

2㎞強の水路を探り釣り

直線的な水路なのでホソの合流点や橋の周辺を重点的に丹念にねらうとよいだろう。

流れ込むホソも水量があれば有望で探ってみる価値がある。

サオは3・6ｍの渓流ザオに、遅ジモリバランスのシモリ仕掛け2本バリを結ぶ。エサはキヂ（ミミズ）のほか赤虫を使用する。

虫エサを使った探り釣りの場合、だいたいマブナが釣れてくる時は仕掛けを投入してすぐにアタリが出ることが多い。それ故に、仕掛けを投入してアタリが出ない時はずっと待っているのではなく、誘いをかけたり仕掛けを投入し直してみたりと、積極的にアタリが出るように仕向けるようにしたい。

それでもアタリが出ない場合は、足を使って次のポイントをどんどん探ってみよう。

3月下旬から4月中旬がピークであるが、5月のゴールデンウイーク頃まで楽しめるはずだ。

万が一にも不調の場合でも、近くには荒河新堀や大割排水路等のマブナ釣り場があるのでそちらに移動することも容易だ。

今年も春の境島水路は多くのマブナ釣りファンで賑わうことだろう。

ACCESS

クルマ

クルマが便利。東関東自動車道・大栄ICで降り、R51を香取方面に走り水郷大橋を渡り水郷大橋北交差点を右折＆左折で県道11号に入る。県道と横利根川が離れた先のT字路を右折して横利根大橋を渡って八筋川沿いを進み、長島揚排水機場を目印に。

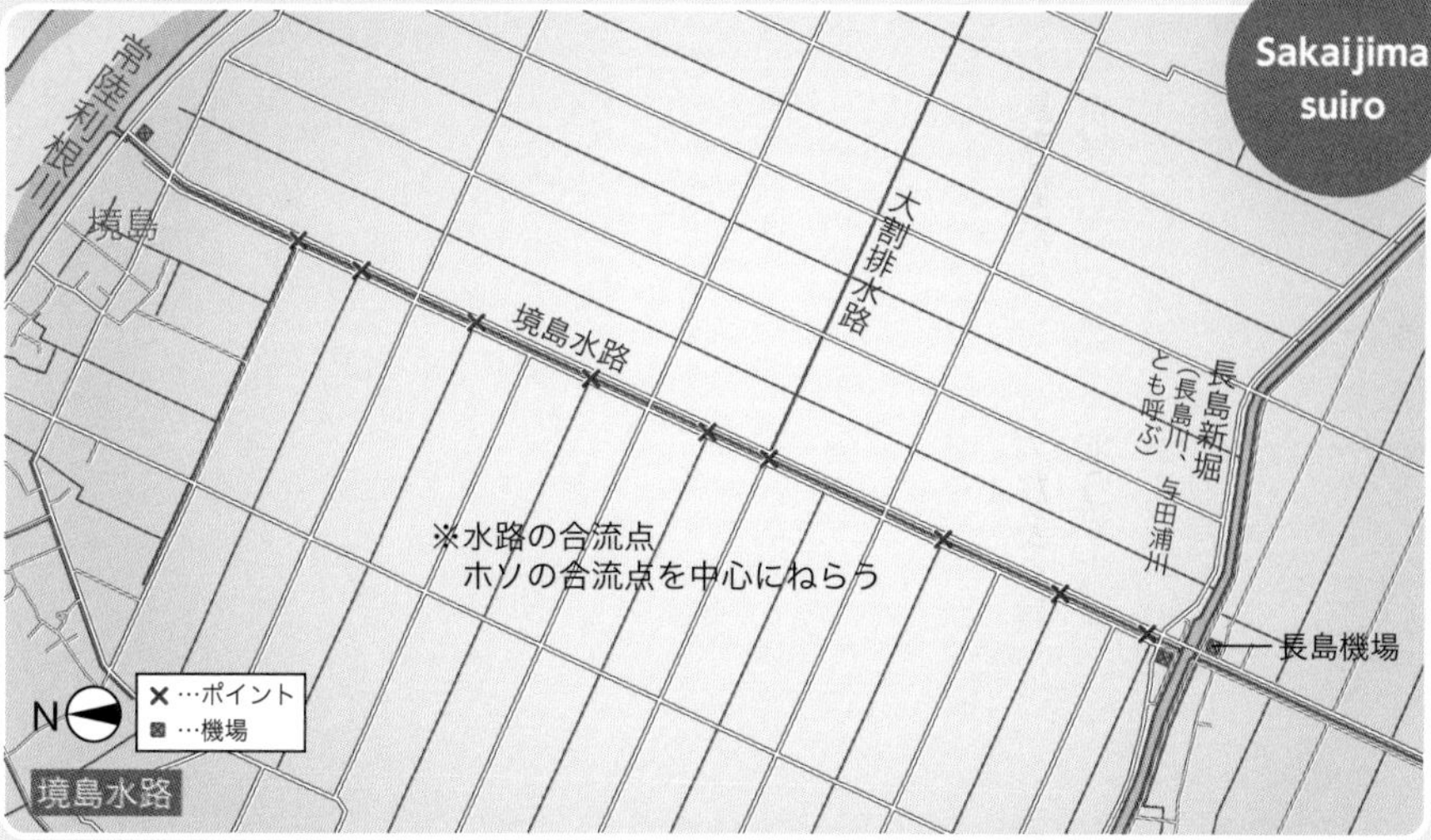

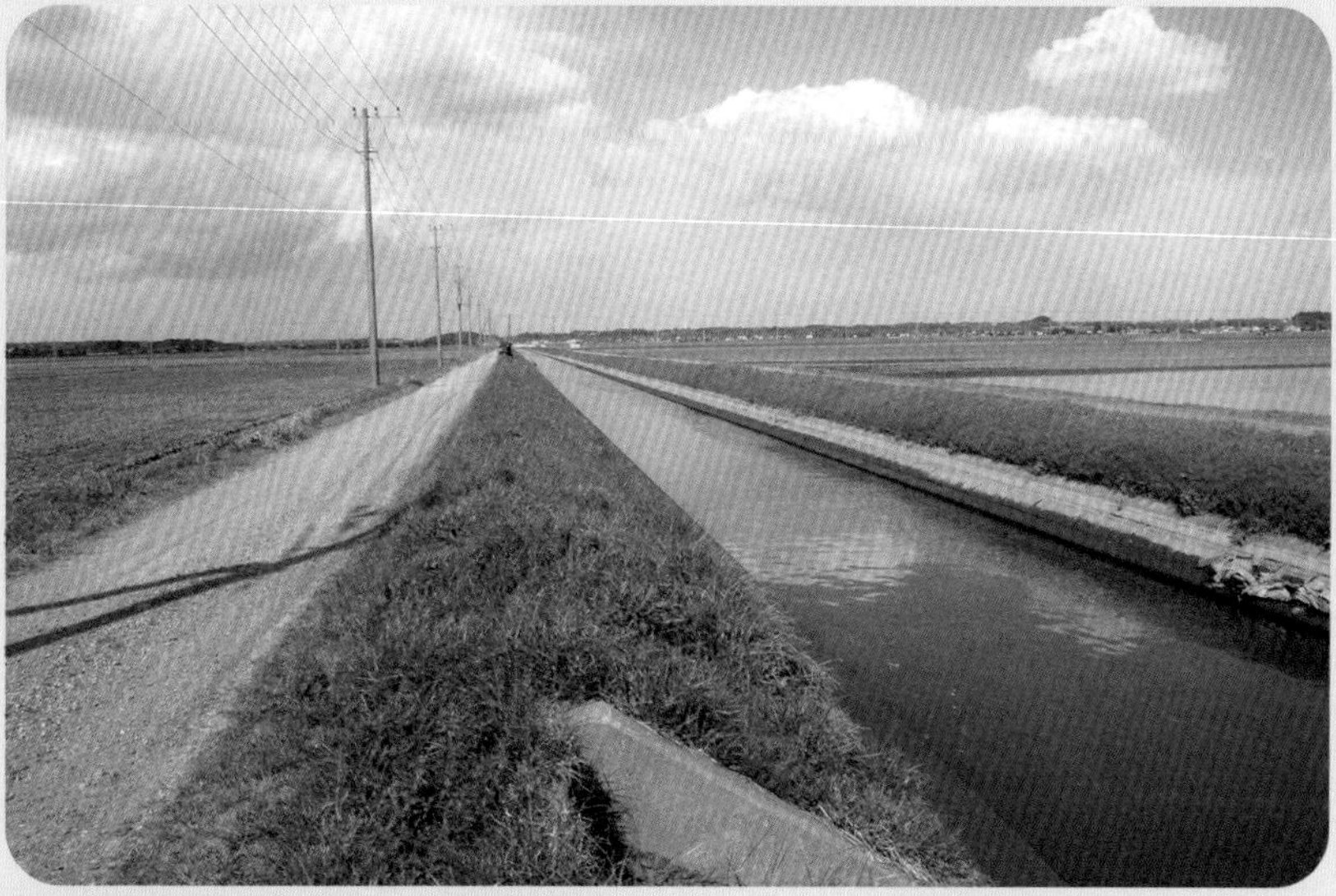

フナを捜して直線状の水路をどこまでも行こう！

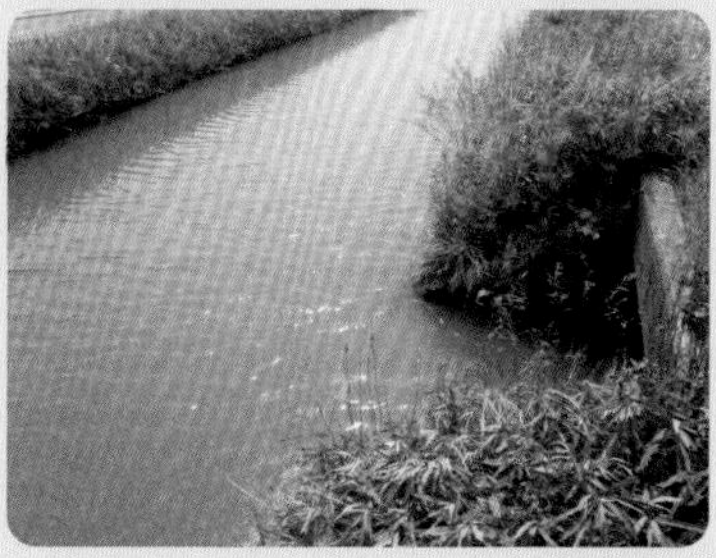
合流点付近は要チェックだ

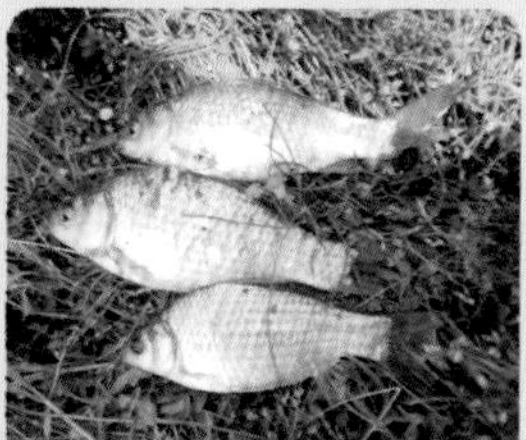

春特有の白い魚体

千葉県香取市

中洲横堀

マブナ

マブナ釣りのメッカ・佐原水郷。マブナ釣りが楽しめる水路が数多くあるので、春になると多くのファンが訪れる。

僕のおススメの釣り場の1つ中洲横堀は、ＪＲ鹿島線十二橋駅から徒歩5分ほどで水郷のマブナ釣りを堪能できる、電車釣行の好きな「釣り鉄」にピッタリの釣り場だ。

この釣り場には思い入れが強く、30年以上前に電車で訪れているのだが、その時は天候も悪く、全く釣れなかったことが忘れられない。しかしその時の経験が今に生きている。

聖地のフィールドで格別なひとときを

鹿島線鉄橋付近にもポイントは多く、また魚影も多い。

水路の幅は5ｍほど。水位の増減がある釣り場だが、水位が高い時はヘチねらい、低い時は中沖から手前のヘチを探るといい。横堀に流れ込む幅1ｍほどのホソがいくつかあるが、ホソの流れ込みは好ポイント。周辺を広く探りたい。

釣り場は、縦堀との合流点から草林水路までと広く、探り歩くにはもってこいである。ここぞ！　と思うポイントでサオをだしていただきたい。

また、ホソにもマブナが入るので、水量があればねらってみる価値大である。思わぬ大ものが釣れてくる。

2018年5月4日はホソだけでも33㎝の尺ブナを筆頭に5尾の良型ブナが釣れている。

仕掛けは本流ねらいなら3・6ｍ渓流ザオに、遅ジモリバランスのシモリ仕掛け。ホソねらいなら2・4ｍのマブナザオに、遅ジモリバランスのシモリ仕掛けを使用する。

ハリは袖5号の2本バリ。エサはキヂ（ミミズ）、赤虫。

マブナ釣りのメッカ・水郷での釣りは格別で、青い空の下、マブナを求めて探り歩く釣りは心が洗われる。

ACCESS

電車

ＪＲ鹿島線十二橋駅下車。鹿島線脇の橋を渡り釣り場へ。電車の本数が少ないので注意。

Nakasu yokobori
常陸利根川
加藤洲
西部与田浦
鹿島線
磯山
中洲縦堀
101
十二橋駅
東関道自動車道
篠原口
与田浦
中洲横堀
※十二橋駅からの徒歩だとこの周辺がねらい
※流入する縦ホソにもフナは入る
※水位の増減あり
利根川
✕…ポイント
▩…機場
中洲横堀

中洲横堀と鹿島線

尺ブナ

縦堀との合流点

ホソにもマブナが入る

中ブナも釣れる

千葉県香取市

側高水路

マブナ

他の魚種
アメリカナマズ・ニゴイ・コイ
シーズン
2月下旬〜
5月上旬
12
1
2
3
4
5
6
7
8
9
10
11

2月も半ばを過ぎると、マブナフリークはフナの状況が気になって仕方がない。春ブナの動きはマブナ釣りの一大イベント・乗っ込みの釣果を左右する。

ここ数年、僕は千葉県香取市の側高水路から春ブナ釣りをスタートさせている。最近では釣り人が少ないが、現在もバリバリ釣れている好釣り場である。

側高水路はJR成田線水郷駅より歩いてすぐで、僕のような「釣り鉄」にはピッタリ。しかも、利根川育ちの良型が強い引きを楽しませてくれるときたら通わない手はない。

電車釣行が便利な尺ブナ釣り場

水郷駅を出て、信号を渡り、水郷落としを右手に歩いて行くと左側に側高水路がある。

釣期は2月下旬から5月上旬で、ハタキ（産卵）があるのは3月下旬。4月に入るとアメリカナマズが多くなるのが特徴だ。

釣れるマブナは尺ブナ（30㎝）が多いから、楽しいこと間違いなしといえよう。

ポイントは水郷落とし付近から上流の鹿島線鉄橋付近まで約3㎞と広い。しかし、どこにでもいるわけではなく、マブナがいるポイントを見極めることが大切だ。水路の合流点を中心に、見逃せない点として、歩いた時に出る土煙を参考にしたい。大きく濃い茶色の土煙はコイの場合が多いが、小さく薄い土煙はマブナであると判断してよい。

側高水路の川幅は10mほど。水深が浅いポイントが多く、4・5〜5・3m渓流ザオで土手の上からねらいたい。仕掛けは遅ジモリに調節したシモリ仕掛けの2本バリ。エサは細めのキヂ（ミミズ）の房掛けが有効だ。

僕は土煙を目安に釣ることが多い。土煙を見つけたら静かにその周辺、水路の中沖（中心付近）から手前へチを中心に探る。釣れる時はすぐにアタリが出るから、仕掛けが馴染んだ直後は構えておこう。

釣果は状況により変わる。5〜10尾が平均で、よいタイミングに当たり良型が20数尾釣れたこともある。

僕のとっておきの1つで、「往年の」とはまだまだ言わせない、とても楽しい釣り場だ。なお、隣接する水郷落としもタイミングが合えばマブナが釣れる。

ACCESS

電車

JR成田線水郷駅下車。徒歩5分ほど。商店などはないので、釣り具はもちろん飲食物も持参したほうがよい。
※クルマの場合は駐車スペースが極めて少ないので、農家の方々に迷惑のかからないように。

Sobadaka suiro

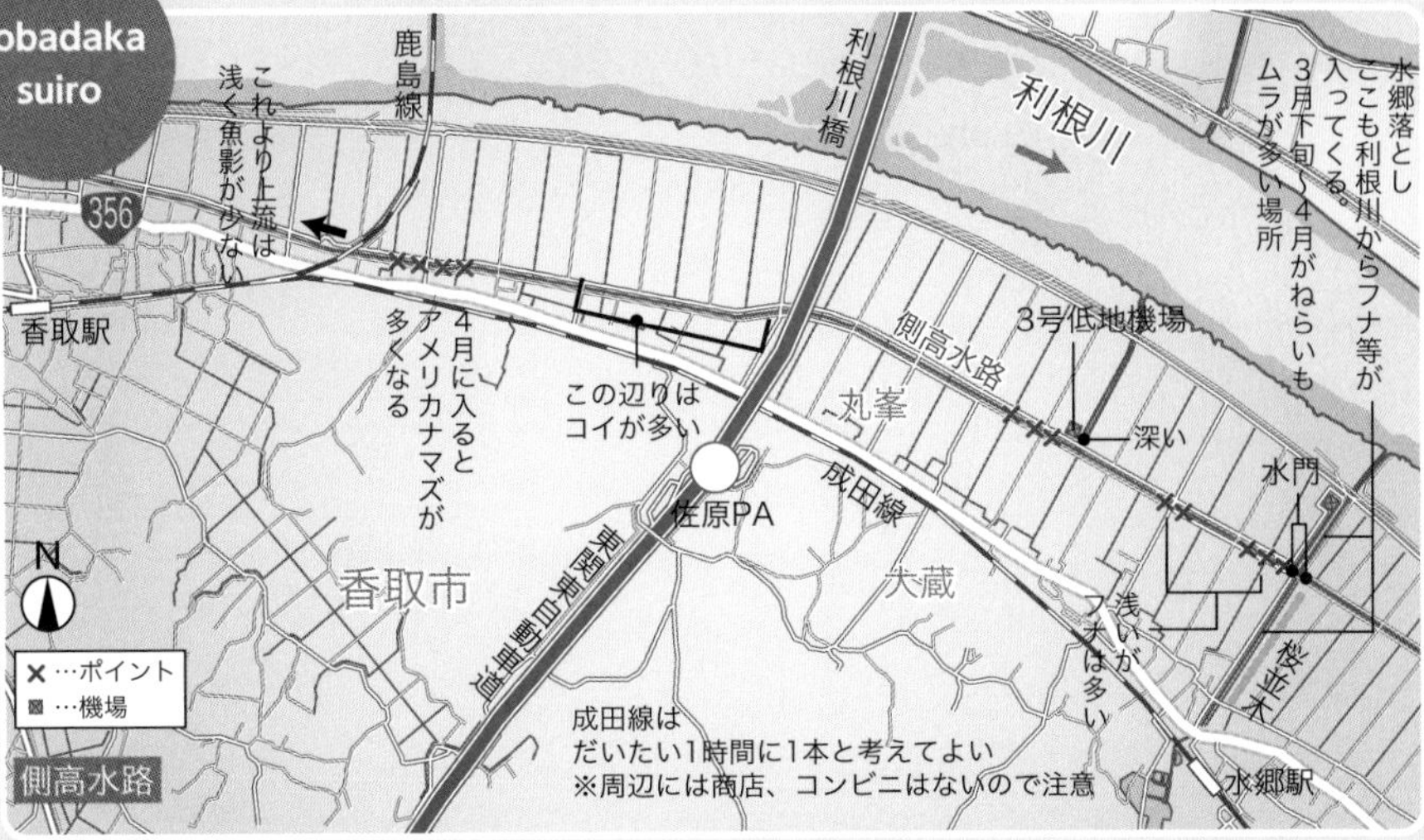

鹿島線
これより上流は浅く魚影が少ない
356
香取駅
利根川橋
利根川
水郷落とし
ここも利根川からフナ等が入ってくる。
3月下旬～4月がねらいもムラが多い場所
4月に入るとアメリカナマズが多くなる
この辺りはコイが多い
3号低地機場
側高水路
丸峯
深い
佐原PA
成田線
水門
香取市
大蔵
東関東自動車道
浅いがフナは多い
桜並木
×…ポイント
…機場
側高水路
成田線は
だいたい1時間に1本と考えてよい
※周辺には商店、コンビニはないので注意
水郷駅

下流部の風景

上流部

隣接する水郷落としでもタイミング次第でマブナが釣れる

この釣り場の
レギュラーサイズ

千葉県香取市

大須賀川

マブナ

他の魚種
ヘラブナ・ウグイ・アメリカナマズ・ニゴイ

シーズン 9月～11月上旬

シーズン 2月下旬～3月20日頃

「釣りは鮒（マブナ）に始まり鮒（マブナ）に終わる。」。釣りの有名なこの格言を僕は、マブナ釣りは奥が深く飽きがこないからと解釈している。57歳になった今でもマブナ釣りは楽しくて仕方がないし、この先も飽きることはないだろう。

今、大好きなマブナ釣り場の1つに千葉県香取市を流れる大須賀川がある。ここもJR成田線大戸駅からすぐの場所にあり、とっておきの「釣り鉄」釣り場である。

ポイントは大戸駅近くのカッパ緑地周辺から下流の岩戸堰までの約2㎞。元々、大須賀川はフナ釣りで知られた釣り場だが、今ではヘラブナねらいの人がほとんど。僕のように虫エサの探り釣りスタイルの人は見かけない。しかし、実際はとても探り甲斐のある釣り場で、釣れるマブナはほとんど尺ブナなので楽しい。

大戸駅近くのカッパ緑地周辺、R356の下流の水門周辺は、土手下に降りて3・6mの渓流ザオで釣りが出来るポイントだ。

釣期は2月下旬から3月20日頃。3月20日頃になると下流の岩戸堰が閉められて水位が上がる。水位が上がると釣りづらくなるので、水門が閉まるまでが釣りやすい。

3・6mザオに、遅ジモリバランスに整えたシモリ仕掛けにキヂ（ミミズ）をたっぷり装餌して、沖めいっぱいに振り込み手前へチまで探る。とにかく丹念に根気よく探ることが大切である。

カッパ緑地先にある水門前は誰が見てもサオをだしたくなる。水位の高い時は反転流が出来ていて絶好のポイント。水門吐き出し前に限らず、カッパ緑地前は好ポイントだからぜひ探ってほしい。

水門裏手の溜まりは10～20㎝の中小ブナのポイントで数釣りが出来る。20～30尾釣るとだいたい場荒れしてしまうので、長居は無用だ。

参考までに、春だけではなく秋も楽しめるので、秋に尺ブナを釣りたいという人はねらってみてはいかがだろう。

とっておきの「釣り鉄」釣り場

ACCESS

電車
ＪＲ成田線大戸駅下車。カッパ緑地まで徒歩５分ほど。
※クルマの場合、大須賀川沿いはほとんど駐車スペースがないので注意。

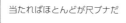

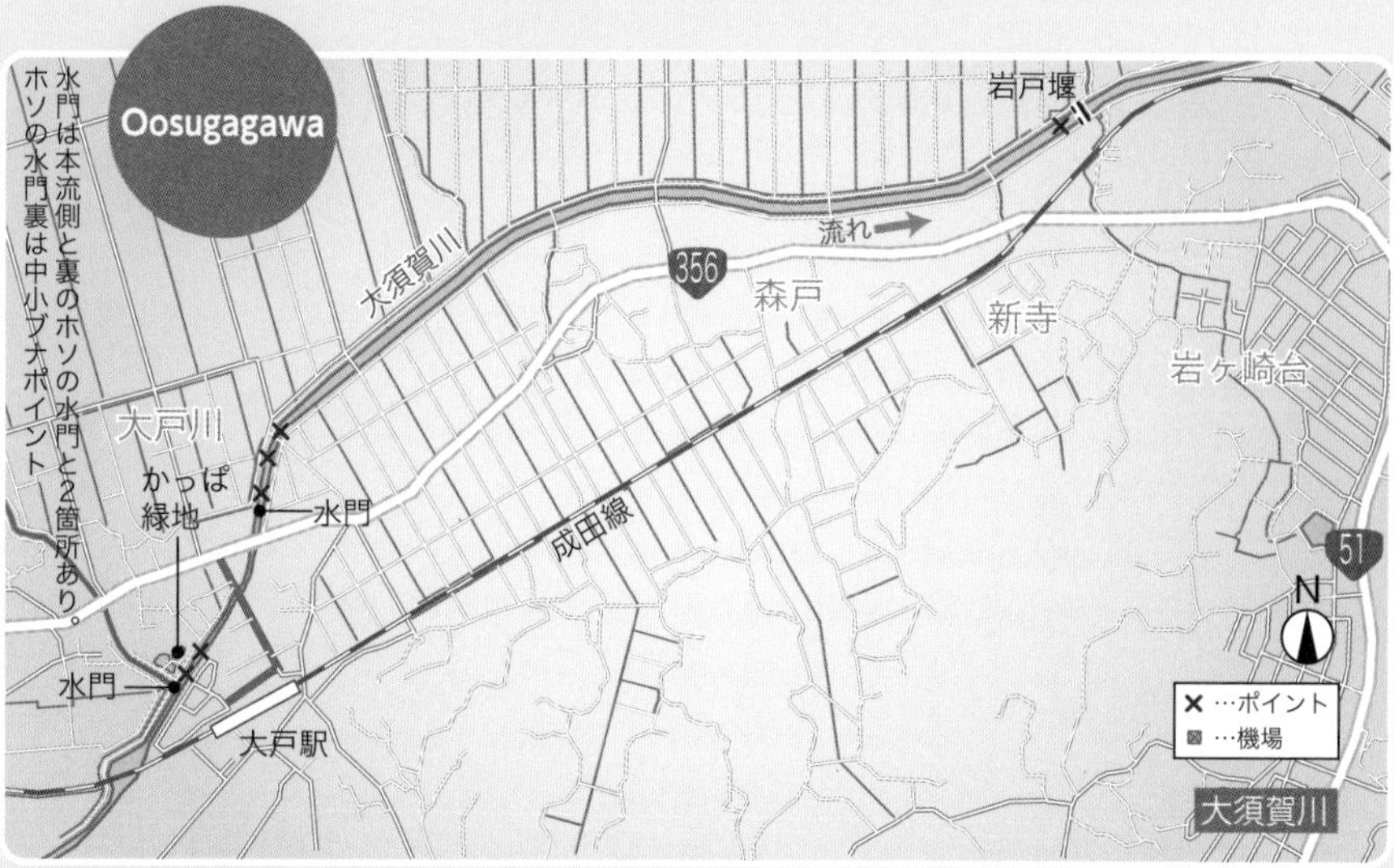
Oosugagawa
水門は本流側と裏のホソの水門と2箇所あり。ホソの水門裏は中小ブナポイント
岩戸堰
流れ
356
大須賀川
森戸
新寺
岩ヶ崎台
大戸川
かっぱ
緑地
水門
成田線
51
N
水門
大戸駅
✕ …ポイント
…機場
大須賀川

かっぱ緑地前

岩戸堰

R356 下流水門のポイント

当たればほとんどが尺ブナだ

水門裏は中小ブナの数釣りポイント

千葉県香取市

多田島のホソ マブナ

八間川と利根川の間、千葉県香取市昭和町にある多田島のホソ。広大な水田地帯には3mほどの水路があちらこちらに広がっていて、春になると利根川や八間川からマブナが乗っ込んでくる。

探り釣りファンならば喜びそうな、変化に富んだ、探り甲斐のある水路が続き、自然に心が弾みウキウキしてしまう。

対岸のヘチ寄り、中沖、小橋の陰、クランク、水路の合流点等を丹念に探り歩くことが春ブナをキャッチする第一歩。

変化に富んだ探り甲斐のある水路

食い気のあるフナがいれば、仕掛けが馴染むとほぼ同時にアタリが出るはず。虫エサの探り釣りの強みは、すぐにアタリが出るところ。したがってアタリのない場所に長居は無用、粘らずどんどん移動しよう。

仕掛けは2・7～3・6mのマブナザオもしくは渓流ザオに、遅ジモリバランスに整えた2本バリのシモリ仕掛け。ハリは袖5号。エサはキヂ（ミミズ）がメイン。大きめサイズは1匹のチョン掛けで、細めは2～3匹付けてアピールするとよい。

釣期は3月下旬から5月中旬。2015年は4月中旬に8寸（24㎝）を筆頭に春ブナが釣れている。

最近では2018年4月下旬、大須賀川で釣りをした後に多田島のホソを2時間ほど探り歩いた。墓場近くの水路から川尻方面に釣り下って、7寸（21㎝）サイズを中心に5尾の釣果であった。

尺ブナの実績があるので大型のマブナが釣れると想定して釣りをしよう。外道にコイ、アメリカナマズ。

なお、農家の方の仕事場である田んぼの脇で釣りをさせてもらうので、駐車やゴミ等で迷惑をかけないようにお願いしたい。

ACCESS

クルマ

圏央道・神崎ICで降りR356を佐原方面に向かって走り、川尻水郷神社の少し先、川尻の万世機場を目標に。

多田島のホソ
Tadajima no hoso
×…ポイント
…機場
N
356
谷中
成田線
大戸川
大戸駅
上八間川
川尻
万世機場
利根川
多田島のホソ
墓地
雰囲気のよい
水路を探り歩く
八間川
昭和町
356
周辺は田んぼなので
農家の方の迷惑にならない
ように気を付けよう

水田地帯に広がる水路

上流部の風景

ピッカピカの春ブナ

茨城県河内町

和銅谷のホソ

マブナ

春を締めくくる乗っ込み釣り場

茨城県稲敷郡河内町和銅谷のホソは、春の乗っ込みブナ釣りの締めくくりにふさわしい釣り場。大型は少ないが、中小ブナの数釣りが楽しめる。

和銅谷のホソは幅1・5mほどの農業排水路で、田んぼに通水が始まる4月以降の釣り場だ。通水直後は排水される水の水質が安定しないせいか食いが悪く、水質が安定する5月頃から食いが活発になる。

排水路ゆえ流れがあるので、あまり流れが強い場所ではなく、流心の脇や反転流、ホソの中に生える雑草裏の流れが緩いところを捜しながら仕掛けを落としていくとよい。この時期、投入すればすぐにアタリが出るはずで、あまりアタリのない場所では粘らずどんどん移動しよう。

単発しか釣れない場所もあるが、数がまとまることもあり、このようなポイントに当たれば楽しい釣りができること間違いなし。

攻略する仕掛けであるが、2・4mのマブナザオに、遅ジモリバランスに仕上げたシモリ仕掛け。ハリは袖バリ5号の2本バリ。

エサは圧倒的にキヂ（ミミズ）の食いがよい。細めのキヂを3～4匹房掛けにする。

釣れるマブナのサイズは10～18㎝が主体だが、30㎝超のコイも多く掛かるので玉網は忘れずに。

2019年5月19日が最近の釣行で、この日は6時間の釣りで10～17㎝のマブナが108尾と大爆釣！　持参したキヂが2箱なくなって終了となったが、春ブナ最終回にふさわしく気持ちのよい釣りを堪能できた。

田んぼと農道の間を流れているホソなので、農家の方に迷惑がかからないように注意して釣りを楽しんでいただきたい。

ACCESS

電車

駐車スペースがほとんどないので電車釣行（釣り鉄）を推奨。京成成田駅東口より千葉県成田市・豊住ルート安西行バスで竜台車庫下車。長豊橋を渡り長竿東交差点を直進して和銅谷へ徒歩 20 分ほど。

wadouya no hoso

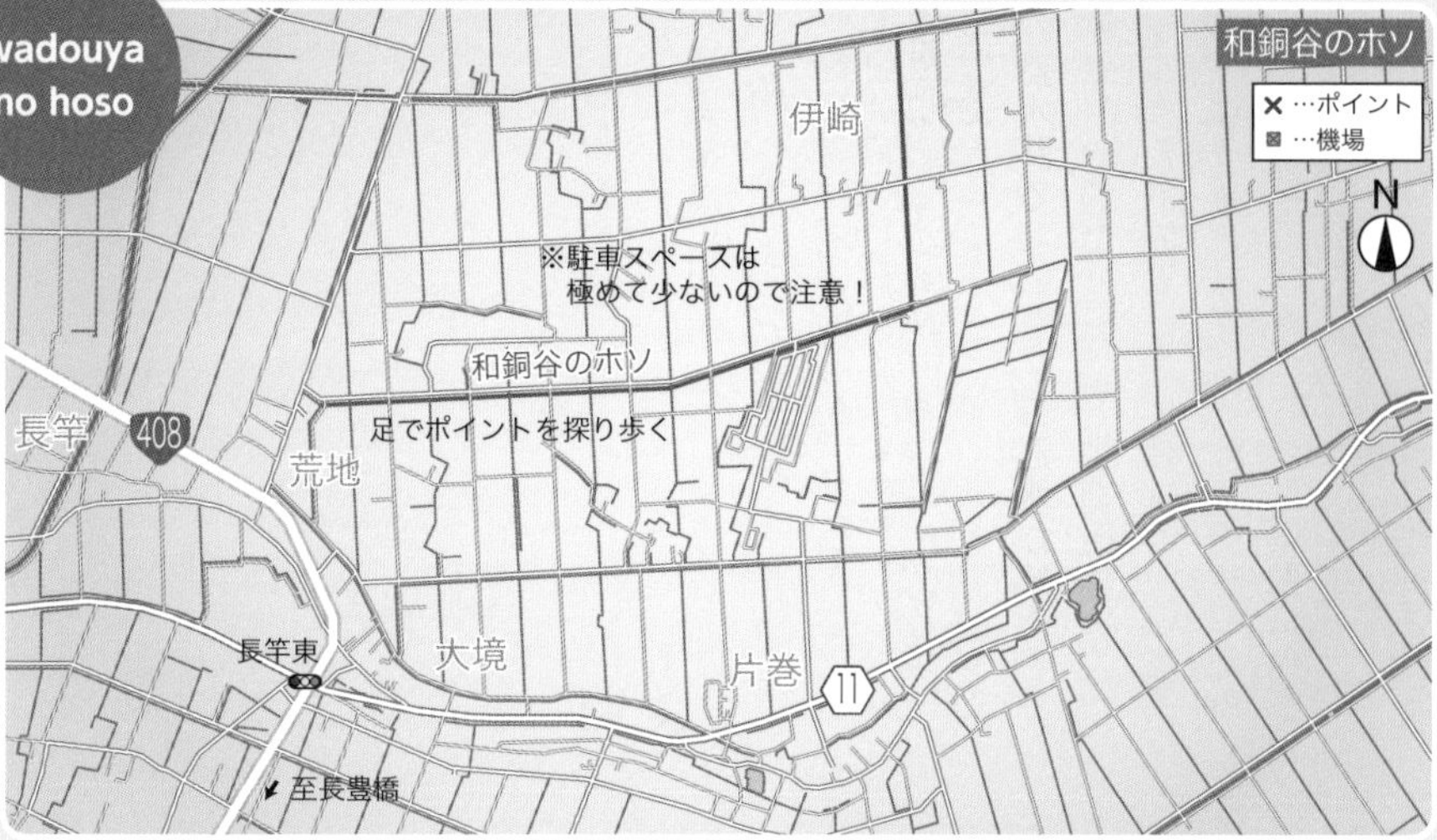
和銅谷のホソ
✕…ポイント
…機場
N
伊崎
※駐車スペースは
極めて少ないので注意！
和銅谷のホソ
足でポイントを探り歩く
長竿
408
荒地
長竿東
大境
片巻
11
至長豊橋

縦ホソも釣れる

釣り場は幅 1.5 mほどの農業排水路のホソ

フナはこのサイズが中心

キンブナらしき美しい個体

コイも掛かるので玉網は忘れずに

埼玉県東松山市

新江川

マブナ、ヤマベ

他の魚種
ヘラブナ・コイ・ナマズ

シーズン 4月下旬～5月中旬

玉網必携。ヤマベ釣りも楽しい

埼玉県東松山市を流れる新江川は、フナ釣り場で知られる市野川の支流だ。

春になり周辺の田んぼに通水される頃になると、市野川からマブナ、ヘラブナが乗っ込んでくる。流れ自体は細いが、アシなど魚の隠れ家になる草が繁茂し、それが産卵場にもなっている。

ポイントは新江川に架かる友田橋周辺。橋上流にある用水路の流れ込みや、アシ際の小深くなった所をねらうとよいだろう。

２０１９年5月12日の釣行では、友田橋下流右岸は護岸工事中で入れなかったが、次々と下流からフナが上ってきていたので今後も期待が持てそうだ。

この日は友田橋上流で釣りをして、用水路の流れ込みで35㎝と25㎝のマブナを釣ることが出来た。その後はコイとナマズが掛かってポイントが荒らされてしまった。

水深が30～40㎝と浅いため外道が掛かるとポイントが荒れてしまうのが玉に傷。また、アシが茂っているので潜り込まれないように強引なやり取りも必要だ。

細い流れだが、魚を驚かさないために少し離れた場所から釣りたい。４・５mの渓流ザオに、遅ジモリバランスのシモリ仕掛け。アシが繁茂する釣り場だが、エサをアピールするため２本バリにしている。エサはキヂ（ミミズ）。

新江川は４月下旬から5月中旬が釣期。タイミングが大切で、フナが上がってきた時に巡り合えると楽しい釣りとなる。

また、ヤマベの魚影も多いのでヤマベねらいも面白い。

駐車スペースがなく「釣り鉄」向きの釣り場ゆえ、新江川でマブナねらいの人は少ない。埼玉県の貴重な乗っ込み釣り場を楽しんでみては如何だろうか。掛かれば大ものなので玉網は必携だ。

ACCESS

電車

ＪＲ川越線・東武東上線川越駅下車。東松山行バスで北戸守下車。そのまま道路を北上すると釣り場。バスの本数が少ないので注意。

新江川
×…ポイント
…機場
N
Shinegawa
新江川橋
根岸橋
新江川
天神橋
2019年5月現在
護岸工事中
工事終了していれば
ポイントあり
友田橋
都幾川
早俣橋
長楽用水
バス停
北戸守
安藤川
254
212

友田橋上流の流れ

水路の流れ込みポイント

友田橋下流。細い流れなので静かに釣ろう

流れ込みの上流

尺ブナ。アシに逃げ込まれないようにやや強引なやり取りになる

東京都練馬区

石神井公園

クチボソ、モロコ、小ブナ、ブルーギル

他の魚種
ヘラブナ・コイ

シーズン
5月上旬〜10月下旬

東京都練馬区にある都立石神井公園。石神井池と三宝寺池の2つの池がある公園で、三宝寺池は釣り禁止だが、石神井池の北側の一部が釣り場として開放されている。

僕が子供の頃はよく自転車を漕いで行った思い出の釣り場の1つでもある。初めてヘラブナを釣ったのもここだった。

現在でもヘラブナや小ものねらいの人が訪れ、それぞれの釣りを楽しんでいる。

僕がここで取り上げたいのは、もちろん小もの釣りだ。ターゲットは小ブナ、クチボソ、モロコにブルーギルが混じる。釣れてくる多くはクチボソやモロコで、時たま小ブナが釣れると非常にうれしい。

繊細な仕掛けで小ものと知恵比べ

だが、クチボソ、モロコと侮ってはならない。中でも小型のクチボソはなかなか手強い。

それ故にタナゴ仕掛けにタナゴバリの組み合わせの繊細な仕掛けを使いたい。サオは1m前後の小ものザオかタナゴザオ。エサはグルテンを使用する。

タナゴ仕掛けは、水面下で止まる浮力バランスがしっかりとアタリを出してくれる。ウキ下30㎝くらいから釣り始めて、グルテンを少し多めに装餌してしばらくエサ打ちをする。魚が寄ってきてアタリが出始めたらしめたもの。しばらくグルテンを打ってもアタリが出なければ、ウキ下を深くしてみる。それでもだめなら場所を移動しよう。

ポイントの目安は、枯れ枝が沈んでいたり、草が生えていたりと魚の隠れ家になるような場所を選ぶとよいだろう。

2020年6月、新型コロナウイルスによる緊急事態宣言が解除になったので、午後から2時間ほど釣りを楽しんだ。クチボソ、モロコがほとんどだったが、小ブナ混じりで約40尾。大型のコイも多く、タナゴ仕掛けに掛かると仕掛けごと持っていかれてしまうので注意が必要だ。

なお、三宝寺池は武蔵野の雰囲気がとてもよく風情があるので、散策するだけでも心が洗われる。

ACCESS

クルマ

新青梅街道井草二丁目交差点から旧早稲田通りに入り直進すると石神井公園に出る。公園に有料駐車場あり。

電車

西武池袋線石神井公園下車。徒歩10分。西武新宿線上井草駅より石神井公園駅行バスで石神井公園下車。

石神井公園
×…ポイント
▣…機場
N
石神井公園駅
西武池袋線
444
練馬区
石神井町
8
釣り可能エリア
三宝寺池
武蔵野の風景が
素晴らしい！
ボート乗り場
釣り禁止
釣り禁止
石神井公園
釣り禁止
石神井池
釣り禁止
444
石神井川
25

Shakujii Kouen

釣り場風景。手前の魚の隠れ家になるような場所がよいポイント

小ブナも釣れる

釣りができるエリアの終わり辺り

クチボソ。ねらって釣るとなかなか手ごわい

ブルーギルもミニサイズ

神奈川県伊勢原市

渋田川

マブナ、ヤマベ

他の魚種
コイ

神奈川県伊勢原市を流れる渋田川。湘南マブナ釣り場を代表する川だ。30年以上前、僕がまだ20代の頃は寒ブナ釣りのメッカとして大勢のファンで賑わったものだ。当時のような釣りは無理だが、今もなおマブナ釣り場として楽しませてもらっている。

釣り場は伊勢原市下谷周辺で、下谷中央バス停付近から十二貫橋までがポイント。

川幅は3mほどだが水深が30㎝と浅いので、右岸の護岸上の歩道からサオをだす。水際から離れて、静かにマブナを驚かさないように釣りをすることがキモ。

往年の名釣り場は今なお健在

したがって、サオは4・5～5・3mの渓流ザオがよい。2本バリのシモリ仕掛けを結び、ハリは袖5号。エサはキヂ（ミミズ）の房掛け。

水深が浅いのでマブナの姿が見えることが多く、基本的に見えるマブナにねらいを定める。釣りやすいのは十二貫橋上流と下谷中央バス停付近にある小堰堤の上下。

十二貫橋上流は左岸のヘチを中心に流れが緩く小深くなった場所をフナは回遊している。

中ブナから尺ブナまで群れを作って移動するので、移動ルートを予測して仕掛けを投入するとよい。群れの中に仕掛けを投入するとマブナが驚いて散ってしまうので注意。

小堰堤の下はコイが非常に多いが、中ブナも集まる場所。また、ヤマベの多いポイントでもある。

小堰堤の上流は、トロ流れのポイント。ここ数年はパッとした釣果に恵まれていないが、尺ブナの実績がある。

2019年5月6日、下谷中央堰堤下と十二貫橋上流を釣り、12～38㎝のマブナを20尾とまずまずの釣果であった。特筆したいのは、12～21㎝の中ブナがかなり混じったこと。以前は釣れれば尺ブナと大型ばかりであったが、中ブナが多く釣れたことは未来に期待が持てる。

なお、渋田川はヤマベの魚影も非常に多く、浅瀬をフカセ釣りでねらうと面白い。大ゴイも多く外道として釣れてくる。

参考までに、小鍋島排水路に流入する上平間のホソは小ブナ釣り場。魚影にムラがあり、たくさん釣れるわけではないが、プチ情報として添えておきたい。

ACCESS

電車

小田急小田原線伊勢原駅下車。平塚駅行バスで下谷中央下車。

渋田川
Shibutagawa
N
×…ポイント
▪…機場
伊勢原IC
小田原厚木道路
上平間のホソ
魚影のある時ない時の
ムラがあるが秋の
小ブナ釣り場
小鍋島排水路
44
右岸からの釣り
流れ
渋田川
ヤマベ
ヤマベ
フナ
フナ
フナ
605
十二貫橋
バス停
下谷中央

タイミングで
桜と紫桜の共
演も楽しめる

十二貫橋上流

堰堤下のポイント

十二貫橋上流で釣れた中ブナ

ヤマベは少し流速や波立ちのある場所がポイント

Column
1

尺ブナがたくさん釣れるようになったのはうれしいけれど……

フナのサイズ今昔

マブナ釣りが大好きな僕ですが、近年の春の乗っ込み時は、尺ブナがたくさん釣れるようになったと感じています。一見よいことのようですが、一方ではそのぶん中小ブナが少なくなってきたのではないかと思います。

子供の頃からマブナ釣りが好きで、本格的にハマって30年が経ちました。20～30年前、乗っ込み時に釣れた尺ブナはほんのわずかでした。10年ほど前でも年間5尾程でしたが、2013、2014年は20尾台に増えました。さらに2015年には44尾、2016年は50尾を超え、2016年は77尾と跳ね上がりました。

この数字の変化は乗っ込み時に釣行する頻度が上がったこともありますが、それだけではないと思います。釣り日記を見ても7～9寸(21～27cm)サイズが減っているのです。釣りの先輩方からは、昔の乗っ込みは中小ブナがたくさん釣れる時期で大型でも8～9寸(24～27cm)まで、尺ブナは滅多に釣れない貴重な存在だったと聞いています。

尺ブナは存在感があるので釣れたらとてもうれしいです。現在では40cmを超えるマブナもたまに釣れます。しかし、尺ブナがたくさん釣れるのはよいのですが、次世代を担う中小ブナが少ないことは気がかりです。

派手さはないマブナ釣りですが、この奥の深い釣りはいつまでも引き継がれていってほしいなあ。そう思う今日この頃です。

夏の釣り場

梅雨からお盆過前後にかけて、
汽水域の釣りがグッと楽しくなる。
テナガエビやハゼは子どもも大人も
夢中になれるターゲット。
梅雨のうっとうしさや盛夏の猛暑も
吹き飛ばしてくれる魅力がある。

茨城県かすみがうら市

横須賀の湖岸&ホソ

テナガエビ、マブナ、小ブナ

他の魚種
チチブ・コイ
シーズン
6月上旬〜10月下旬
12 1 2 3 4 5 6 7 8 9 10 11

霞ヶ浦大橋下手・茨城県かすみがうら市横須賀。湖岸の消波ブロック帯ではテナガエビ、また土手下のホソでは春秋にマブナ釣りが楽しめる。

●湖岸の消波ブロック帯

横須賀機場前の消波ブロック帯は釣りOK。それより霞ヶ浦水族館方面の消波ブロック帯は湖面禁漁区となっているので気をつけよう。白いポール内は湖岸に黄色の文字で釣り禁止と書いてある。

夏はテナガ、春秋はフナで3シーズン楽しめる

さて、釣り可能な機場前の消波ブロック帯は、夏から秋にかけてたくさんのテナガエビファンで賑わう。テナガエビの魚影は非常に多い。上手くテナガエビの通り道の穴に当たると、終始入れ食いだ。

数が釣れるか否かは穴次第といっても過言ではない。

仕掛けを投入してすぐにウキが動くようなら2本3本とサオをだして数を伸ばそう。

逆にウキがいつまでも動かないような穴は見込みなしと見切って違う穴を探る。

釣れてくるテナガエビは小型が多いけれど、時には大型も釣れて強い引きを楽しませてくれる。

2019年7月7日は雨で梅雨寒の一日だったが、14時〜16時の2時間で39尾。型は中小型中心であった。

2020年は秋も釣れて11月3日、息子と2人で1時間釣り30尾以上。息子には良型のテナガエビも釣れて楽しい秋の一日だった。両日とも当たり穴では終始ウキが動きっぱなしであった。

数が釣れるとやっぱり楽しいネ！

仕掛けは2〜2・4mの小ものザオに玉ウキのテナガエビ仕掛け。エサは赤虫。外道にダボハゼ。

●横須賀のホソ

隣接する横須賀のホソでは春には乗っ込みマブナ、秋には小ブナ釣りが楽しめるので、本項で併せて紹介したい。

春のマブナ釣りは4月中旬以降5月中旬までがねらいめ。いつもゴールデンウイークに楽しい釣りが出来ている。大型は少ないが中型がメインで楽

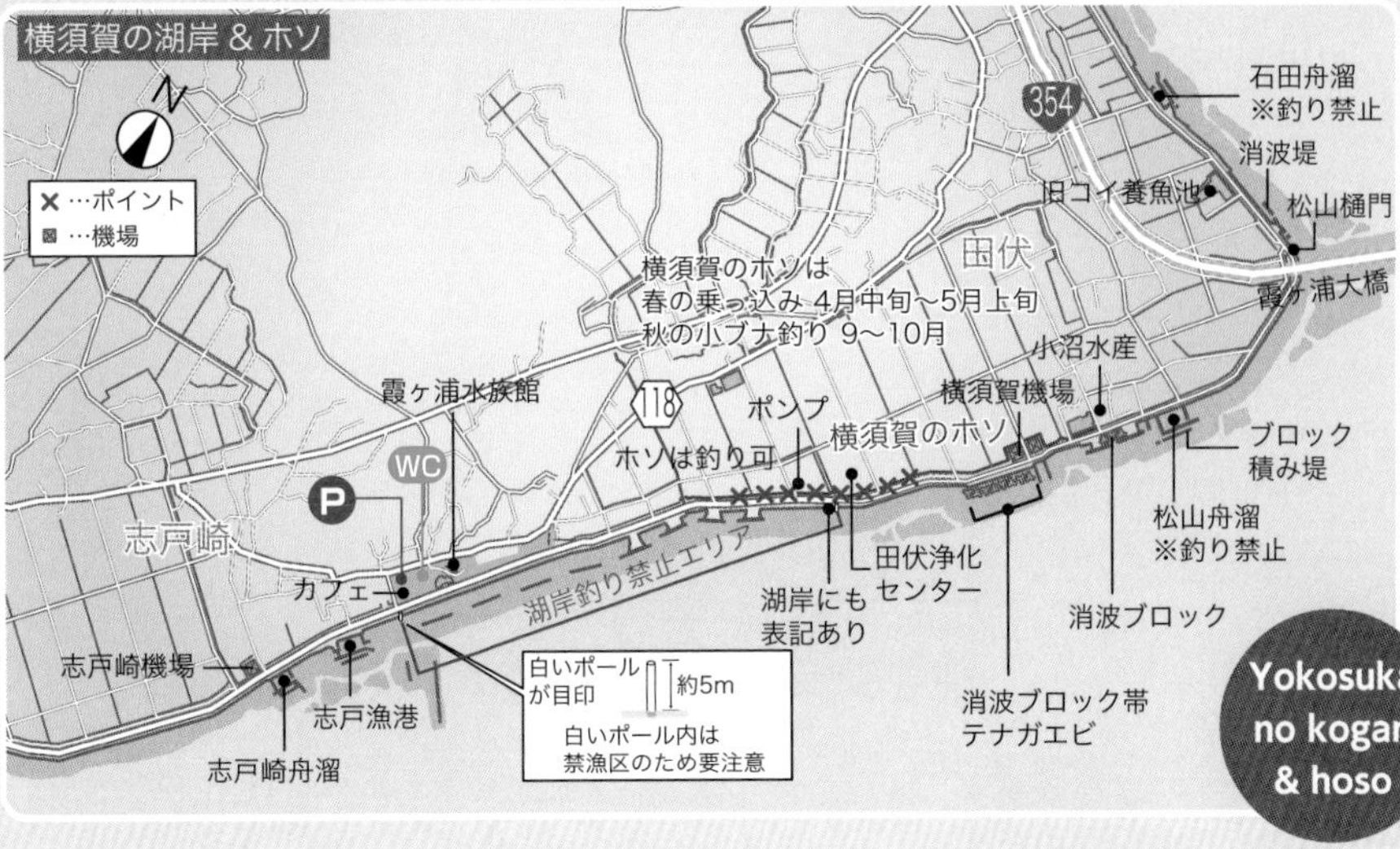
横須賀の湖岸＆ホソ
N
×…ポイント
…機場
354
石田舟溜
※釣り禁止
消波堤
旧コイ養魚池
松山樋門
田伏
霞ヶ浦大橋
横須賀のホソは
春の乗っ込み 4月中旬～5月上旬
秋の小ブナ釣り 9～10月
小沼水産
霞ヶ浦水族館
118
ポンプ
横須賀機場
横須賀のホソ
ブロック
積み堤
ホソは釣り可
WC
P
志戸崎
松山舟溜
※釣り禁止
湖岸釣り禁止エリア
田伏浄化
センター
カフェ
湖岸にも
表記あり
消波ブロック
白いポールが目印
約5m
白いポール内は
禁漁区のため要注意
志戸崎機場
志戸漁港
消波ブロック帯
テナガエビ
志戸崎舟溜

Yokosuka no kogan & hoso

湖岸の消波ブロック帯 (テナガエビ)

「テナガマンション」とも称される消波ブロック帯（湖面禁漁区に注意）

優良物件の「良穴」には釣り人も集まる

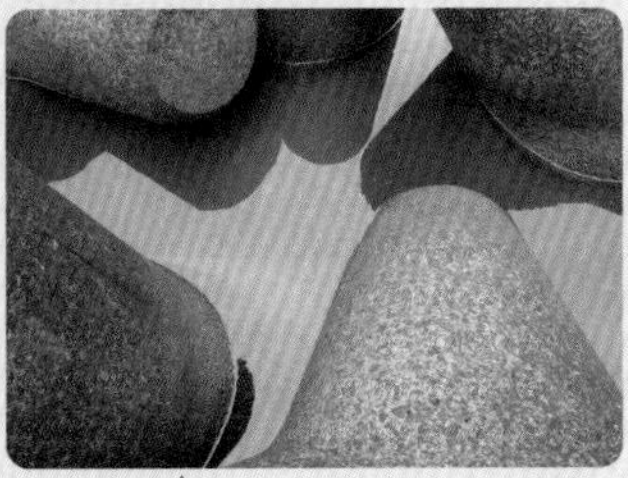
このような穴を
探っていく

アームも立派な良型

平均サイズのテナガ

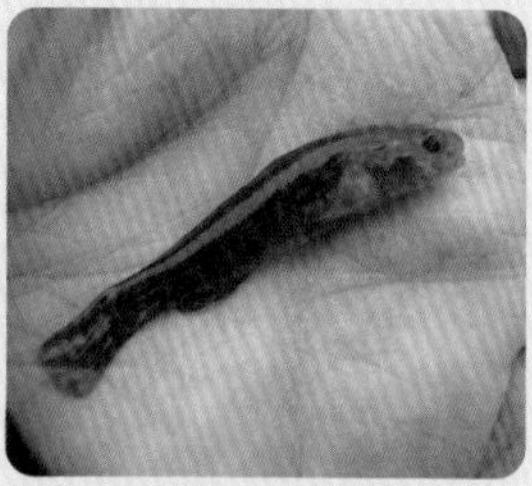

チチブも顔を見せてくれた

しめる。とはいえ、時には良型マブナのほかコイも掛かるので玉網は必携だ。

　ポイントは機場周辺、水路の合流点、土手道下の暗渠《あんきょ》入口など。

　2019年3月31日は暗渠入口から7寸（21㎝）が2尾釣れている。この日は少し早いかな？　という感じだったが、暖かくなると数が釣れるようになる。

　仕掛けはマブナザオ2・4～2・7ｍに、遅ジモリバランスの2本バリのシモリ仕掛け。エサはキヂ（ミミズ）。

　秋の小ブナ釣りも面白い！　水が排水されて浅くなってしまうが、小深い場所を中心に釣れば10月中旬までは楽しめるだろう。

　ポイントは春と同じと考えてよいが、浅い場所でヒラを打っていたり集団で移動していたりするので、ホソを注意深く観察することも釣果につながる。

ホソ（マブナ=春、小ブナ=秋）

ホソの釣り場風景

ホソの春ブナ。秋は小ブナ釣りも楽しめる

1箇所で粘るよりも探り歩いたほうが数が伸びるので、探り釣りが向いている。

仕掛けは2・1～2・4mの小ものザオに、羽根ウキを10個くらい通した2本バリの数珠シモリ仕掛け。エサは赤虫の胴の部分をチョン掛けにする。

2019年10月は2時間秋の小ブナ釣りを楽しんで小ブナ33尾、小ゴイ10尾の釣果であった。

ACCESS

クルマ

クルマが便利。常磐自動車道・土浦北ICで降り、R354を玉造方面に走り霞ヶ浦大橋手前を右折して土手道に入る。

千葉県木更津市

矢那川

ハゼ

8月から天ぷらサイズに会える

千葉県木更津市を流れる矢那川。秋になると木更津周辺はハゼ釣りファンで賑わう。矢那川もその1つで、東京下町の釣り会の猛者もサオをだすほど。ハゼの魚影はお墨付き、そして夏から楽しめる。

住宅の中を流れるため釣座が少ないことが難点か。富士見橋から烏田川までの間が主な釣り場。矢那川橋から烏田川合流点までは、両岸高い護岸の上から長ザオでの釣りを強いられる。

矢那川橋から1つ上流の富士見橋の間は、両岸護岸の下に降りられるので、ここがおススメポイントである。

川は起伏に富んでいる。もちろん潮の干満の影響を受けるので、干潮時は4・5mザオで流心とそのカケアガリねらい。潮が満ちて来ると3・3mザオでも広く探れるようになる。下げ潮時よりも上げ潮時のほうが釣りやすく、食いもよく感じる。

この釣り場もミャク釣りで、水深も浅いので0・5号の中通しオモリでよくアタリが取れる。エサはアオイソメ。

アタリが多く釣れるポイント、アタリが少なくあまり釣れないポイントがあり、それは川の起伏のどこにハゼが付いているかによるもの。また、ハゼがエサを見つけて寄って来るのを待つのではなく、ハゼが付いている場所を捜してこちらからハゼにエサを食わせるようにアプローチしたい。

2018年8月12日、友人と木更津周辺のハゼ釣りに行った。木更津内港で楽しんだ後、午後1時から3時までの2時間上げ潮時をねらって釣りをしたところ、2人とも60～70尾のハゼを釣ることが出来た。

8～10㎝に混じって時折り13㎝級の天ぷらサイズがサオを絞り楽しませてくれた。8月から型がよいハゼが釣れるのが木更津の魅力だ。

木更津周辺にはハゼ釣り場がたくさんあるなかで、矢那川は知っておいて損のない釣り場といえる。

ACCESS

電車

ＪＲ内房線木更津駅下車。西口に出て直進し県道木更津富津湊線に出たら左折すると矢那川橋に出る。

Yanagawa
90
245
鳥居崎
海浜公園
富士見大橋
矢那川橋
護岸の下に
下りられる
護岸が高い
護岸が高い
護岸の下に
下りられる
富士見橋
薬丸病院
證誠寺
流れ
矢那川
木更津
市役所
木更津駅
内房線
N
×…ポイント
…機場
矢那川

矢那川橋上流は護岸の下に下りられるのでおススメ

8月からこのサイズが釣れる！

矢那川橋下流は両岸とも護岸からの釣りになるので長ザオが必要

千葉県市原市

村田川

ハゼ

千葉県市原市を流れる村田川は、両岸を護岸された幅20ｍほどの川である。

ハゼの魚影は非常に多く、8月としては良型の12～13㎝クラスもよく釣れる。ＪＲ内房線の浜野駅から徒歩10分ほどなので、「釣り鉄」向きでもある。

ポイントは新村田橋上流から五十谷《ごじゅうや》橋の間がよい。

川は蛇行しているため、新村田橋から下流の五十谷橋の間は左岸側が流心で深く、右岸側が浅い。汽水域なので当然潮の干満があり、流心の深い所は干潮時のポイント、反対側の浅い所は満潮時のポイントである。

涼しい時間帯の上げ潮時がねらいめ

タックルは3・6～4・5ｍの渓流ザオに、ミチイト1～1・2号をサオいっぱいに取り、中通しオモリ0・5号を通して自動ハリス止めを結ぶ。ハリは袖5号もしくはハゼライト5号。ハリスは5～7㎝。

ミチイトには渓流用の化繊目印を7～10個付ける。エサはアオイソメ。

村田川のハゼの攻略法は、上げ潮時をねらって釣るとよい。潮が利いてハゼがどんどん足元近くの浅場まで寄ってくる。食いも上げ潮時のほうが圧倒的によく、短いサオで効率よく釣ると数が伸びる。

ただし、近年の猛暑では昼間の暑い時間帯はハゼの食いも落ちる。したがって、早朝から午前中いっぱい、もしくは夕方の比較的暑さが和らいだ時間帯を選んで釣行するとよいだろう。

２０１８年8月14日の釣行では、77尾のハゼと外道にセイゴ、チンチン（クロダイの幼魚）もよく掛かった。バラエティー豊かな魚種に会えて楽しい釣りであった。

年によって好不調があるが、人もさほど多くはない釣り場なので存分に楽しめるだろう。

ACCESS

クルマ

京葉道・蘇我ICで降り、R16で釣り場へ。駐車スペースが非常に少ないので注意。

電車

ＪＲ内房線浜野駅下車。駅からR16に出て村田町Ｔ字路を左折すると村田川に架かる五十谷橋。

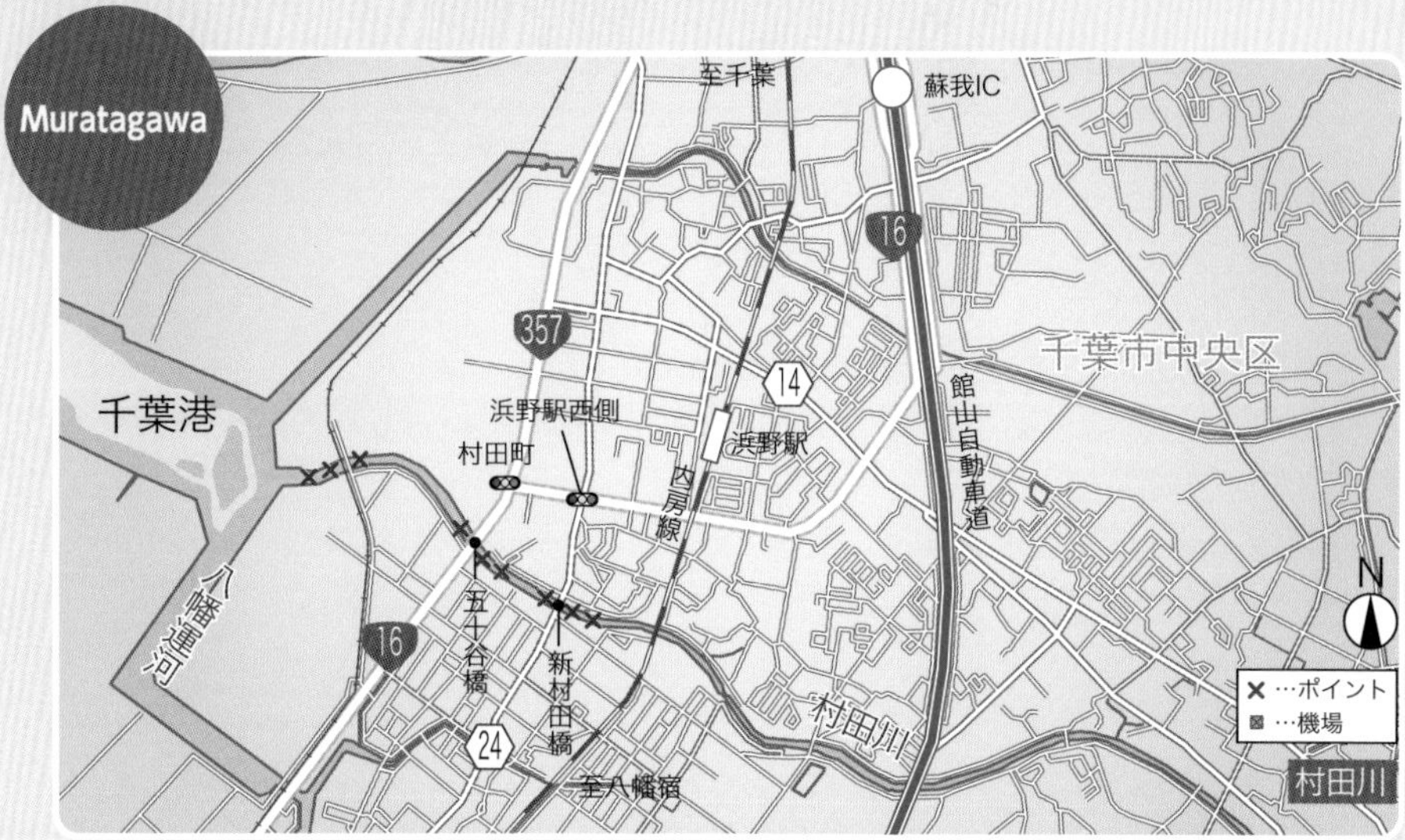
Muratagawa
至千葉
蘇我IC
16
357
千葉市中央区
14
千葉港
浜野駅西側
浜野駅
村田町
内房線
館山自動車道
八幡運河
16
五十谷橋
新村田橋
N
×…ポイント
…機場
村田川
24
至八幡宿
村田川

五十谷橋上流左岸。この辺りは左岸側が深く右岸側が浅い

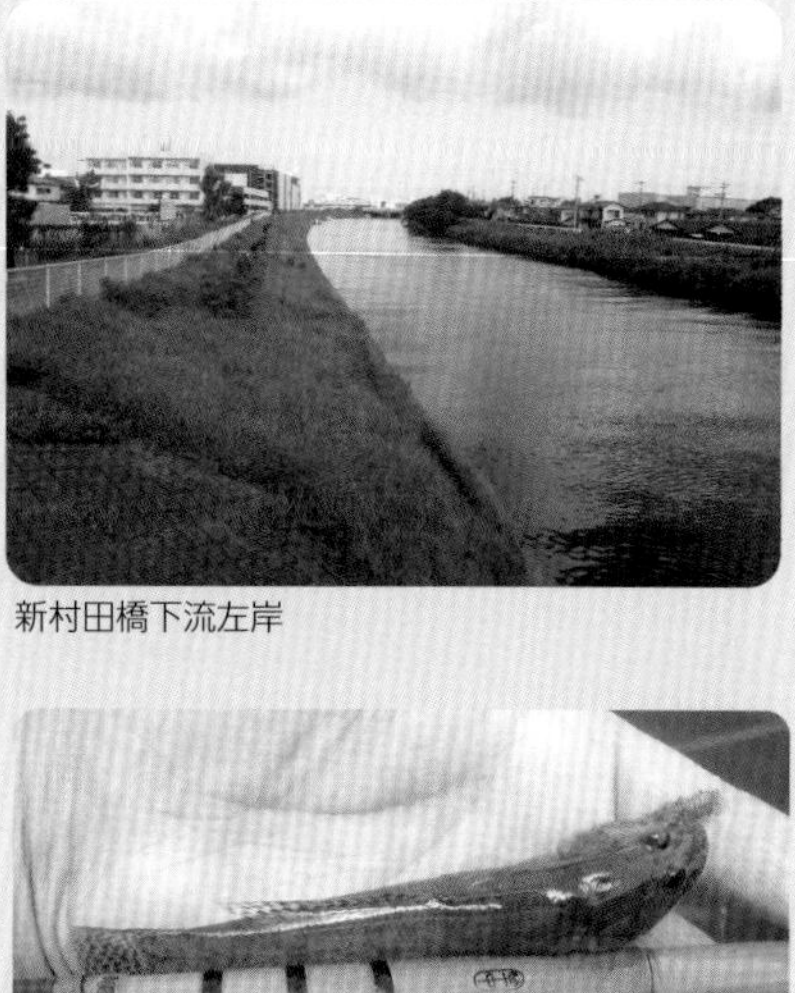

新村田橋下流左岸

新村田橋上流

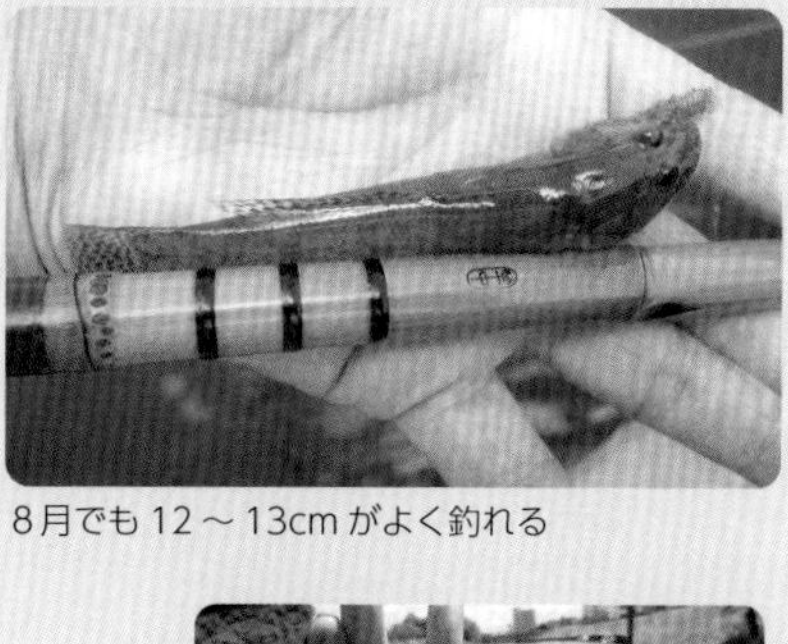

8月でも 12 ～ 13cm がよく釣れる

汽水域は魚種も
多彩で楽しい。
写真はセイゴ

千葉県千葉市

花見川

ハゼ、テナガエビ

他の魚種
セイゴ・チンチン

千葉県千葉市花見川区を流れる花見川は、ハゼやテナガエビの好釣り場として知られている。

河口付近から上流は、京葉道上流の堰までが汽水魚の釣り場。

なかでもＪＲ総武線鉄橋付近は足場もよく、交通の便もよいので一押しのポイントだ。

ＪＴ総武線鉄橋付近が一押しポイント

テナガエビは6〜8月が釣期。護岸足元にある捨て石や牡蠣殻等の障害物周りをねらう。満潮時の潮が高い時はポイントが分かりにくく釣りづらいので、干潮時にねらう場所を決めておき、潮が満ちてきたら釣りをするとよいだろう。だいたい上げ3〜7分、下げ3〜7分が釣りやすいと思う。

護岸の上から釣るので2・4〜3ｍザオがよい。仕掛けは玉ウキ仕掛けで、ハリは多めに用意したほうがよいだろう。エサは赤虫。

ハゼは8〜10月が釣期。4・5ｍザオで沖めいっぱいに振り込んでカケアガリをねらう。ミャク釣りで釣るのだが、流れ、潮の速さによってオモリ0・5〜1号を使用する。予備として、流れがきつく1号でも止まらない時用に2号のオモリを持っていると万全だ。

ハリは袖5号、根掛かりが多いので多めに準備しておこう。エサはアオイソメを使用している。

ハゼはアタリが多いポイントを捜すこと。仕掛けを振り込んで軽くイトを張って待っていると、コツッやコンッと来るのがアタリだ。

また、障害物が多く沈んでいるので誘いをかけると根掛かり連発になってしまうため、一度仕掛けをピックアップして振り込み直したほうがよい。

ハゼは比較的良型が揃うので引きが楽しめて面白い。ほかに、セイゴ、チンチンもよく釣れてくる。

2018年8月13日、上げ潮時1時間半釣りをして21尾のハゼとセイゴ、チンチン10尾と賑やかな釣りだった。

ACCESS

電車
ＪＲ総武線幕張駅下車。線路沿いを検見川方面に約10分歩くと花見川に架かる浪花橋に出る。

Hanamigawa

花見川
京成幕張駅
×…ポイント
…機場
N
幕張駅
流れ
上流の京葉道路下周辺にも
ハゼ、テナガエビポイントあり
ハゼ
ハゼ
浪花橋
ハゼ
テナガエビ
花園
花園小
花園中
幕張町
14
総武本線
花見川
新検見川駅
検見川駅
湾岸千葉IC
東関東自動車道
357
357
京成千葉線
検見川町

浪花橋下流側。総武本線鉄橋から上流側１つめの橋が浪花橋だ

浪花橋上流

テナガエビは護岸下の捨て石周りをねらう

平均サイズのハゼ

外道のチンチン。ほかにセイゴなども釣れる

東京都江戸川区

旧江戸川

テナガエビ

他の魚種
デキハゼ

　東京都江戸川区江戸川を流れる旧江戸川に架かる今井橋周辺は、僕にとってとても懐かしい釣り場だ。子供の頃に電車とバスを乗り継いでハゼ釣りに来たことを、今でもはっきりと覚えている。堤防の高い垂直な護岸を降りて、混雑している中を釣りしたっけ。

　今でも旧江戸川左岸にはその面影が残っている（現在は立ち入り不可）。

　ここで紹介する対象魚はハゼではなく、テナガエビ。僕自身は「テナガエビ釣り場の中で一番釣れるのでは？」と思っているほど、よく釣れている。

入れ食い率高し！　大型テナガも混じる

　２０２０年現在、旧江戸川は入れる場所が限られ、釣り場として紹介できるのは今井橋上流右岸の当代橋児童遊園前周辺。舟溜まりとその上流に続く本流筋のゴロタ石場一帯。

　大きめのゴロタ石がごろごろしているので歩きにくく、滑りやすいので注意が必要だ。

　満潮時の潮が高い時はゴロタ石の上部まで水がくる。このため釣りやすいのは潮が低い時で、ゴロタ石の先にある捨て石や障害物周りをねらうと数が伸びる。

　さすがに干潮いっぱいでは、釣りが出来るポイントは本流ゴロタ石場一帯の一部のみだが、上げ2～7分はテナガエビの食いが活発。仕掛けを投入するたび、ウキがビュンビュンと移動する。

　２～２・７ｍザオを２～３本並べて効率よく釣るとよいだろう。

　入れ掛かりの時はそれこそ忙しい釣りになる。大型のテナガエビも混じり、クンクンッとキックバックする引きは独特でその引き味に魅了されるだろう。

　一番よかった時は２０１９年６月23日。上げ潮時をねらって16時～17時15分の１時間強で48尾と終始入れ食い。その後も２０２０年６月まで何度も釣行したが、だいたい40～50尾の釣果で安定している。また、外道にデキハゼもよく釣れてくる。

　釣果は抜群によい釣り場であるが、ゴロタ石場では気をつけて楽しい釣りをしていただきたい。

ACCESS

クルマ
環状７号線一之江駅北交差点を今井橋方面に入り、今井橋を渡らず篠崎街道を左折して八雲神社方面へ。駐車スペースは全くないので少し離れたコインパーキングを利用する。

電車
都営新宿線一之江駅下車。一之江駅西口より篠崎駅経由小岩駅行京成バスで八雲神社下車。

kyuuedogawa

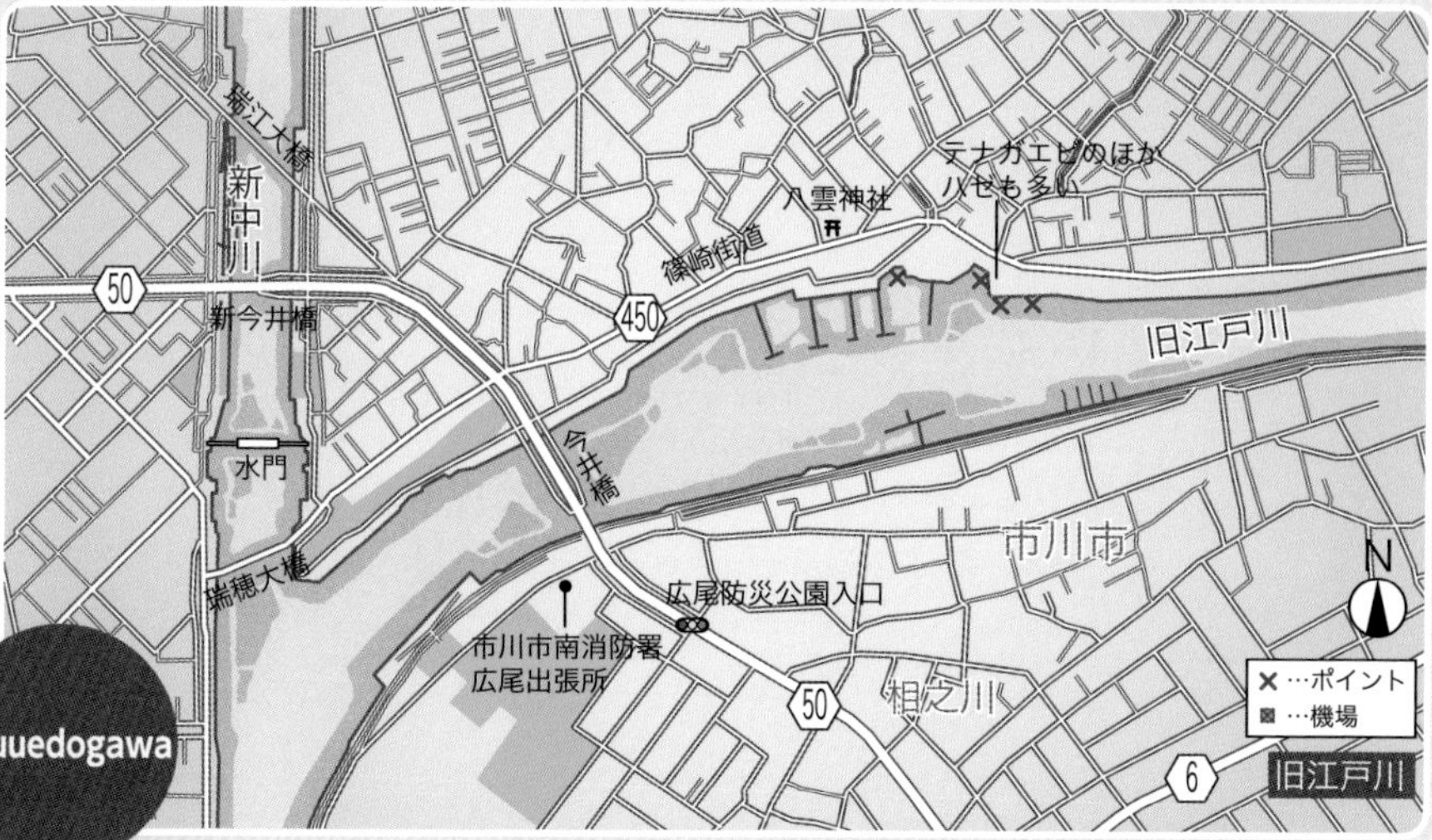
瑞江大橋
新中川
50
新今井橋
水門
瑞穂大橋
今井橋
450
篠崎街道
八雲神社
テナガエビのほか
ハゼも多い
旧江戸川
市川市
広尾防災公園入口
市川市南消防署
広尾出張所
50
相之川
N
✕…ポイント
⊠…機場
6
旧江戸川

ワンド状のポイント

本流側

入れ掛かりモードに入ると大忙しになる

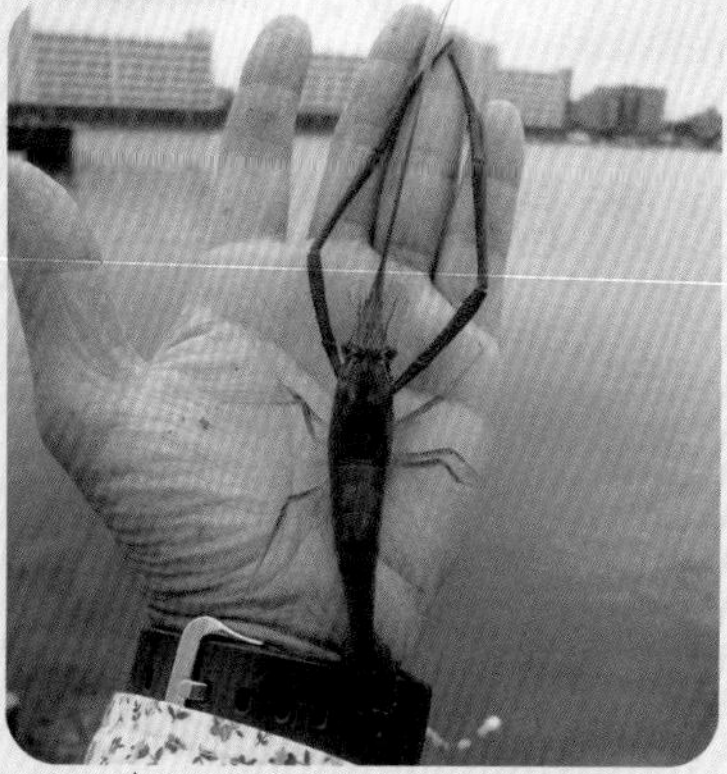
このクラスになると
キックバックも強烈

デキハゼもお出まし

東京江東区

小名木川

ハゼ

他の魚種

ダボハゼ

江東区大島周辺を流れる小名木川は、隅田川と旧中川を結ぶ幅10mほどの江戸時代に造られた人工河川で、俳人石田波郷が愛した川としても知られている。

現在では両岸遊歩道が整備されて、どこからでもサオがだせる（リールザオは不可）。

なかでもおススメは旧中川合流点から西大島にかけての約2km。この間はどこにでもハゼがいるのではないかと思われるくらいハゼの魚影が多い。釣期は6～10月。

水深は2～3mあり、ハゼ釣り場としてはかなり深いが、深場から引っ張り上げてくる感覚はとても10cmほどの小さな魚とは思えない引きで楽しい。しかも、バリバリ当たり、バリバリ釣れて来れば楽しさも倍増だ。

2020年夏は、3回釣行していずれも時速60～70尾の釣れっぷり。

仕掛けは、手返しよく釣るためにミャク釣りがよい。渓流ザオ3・6mにミチイト1～1・2号をサオいっぱい。中通しオモリ0・5～0・8号を通し、自動ハリス止めを結ぶ。ハリス5cm、ハリは袖4～5号またはハゼライト5号。ミチイトには渓流用の化繊の目印を付けておくとよい。エサはアオイソメ。

釣り方は、仕掛けを沖めいっぱいに振り込み、オモリが着底したらイトを張りアタリを待つ。このオモリ着底直後にアタリが出るケースが多く、僕は5秒以内にアタリが出るイメージで釣りをしている。したがって、オモリが着底したら即合わせられるように構えておくこと。

水深たっぷり、魚影はピカイチ

アタリはブルッやコンッと伝わってくるほか、ダイレクトに伝わって来なくても目印がスッと引き込まれることもあるし、サオ先を注視していると、サオ先がクックッと引き込まれるから分かるはずだ。

ミャク釣りというと難しいイメージがあるかもしれないが、これだけ魚影が多い釣り場で釣りをすれば必ずマスターできるはず。

小名木川全域にハゼは多く、アタリも頻繁に出るので、アタリがないか少ない場所で粘らずにどんどん探り歩いてよい場所を捜し当て、多くのハゼを手にしてほしい。

なお、遊歩道は散歩の人も多いので気をつけて釣りをしていただきたい。

ACCESS

電車

都営地下鉄新宿線東大島、大島、西大島の各駅下車。徒歩10分ほどで小名木川。

※クルマは駐車スペースがないので周辺のコインパーキングを利用のこと。

小名木川
Onagigawa
×…ポイント
▣…機場
N
首都高速7号小松川線
306
476
旧中川
新大橋通り
50
大島駅
西大島駅
都営新宿線
東大島駅
中川大橋
貨物線
全体がポイント
アタリが多い場所を捜そう
小名木川
進開橋
秋まで釣れる
平成橋
第四砂町中
北砂
小名木川小
東砂

大島周辺その1

大島周辺その2

西大島周辺。大島、西大島とも遊歩道からの釣りになるので周りに気を付けて釣りを楽しみたい

釣れるハゼはこのサイズが中心

月刊
へらし

東京都江東区・江戸川区

旧中川

ハゼ

時速100尾も可能な爆釣エリア

江東区と江戸川区の境を流れる旧中川。夏が近づくとハゼ釣りファンで賑わう。

旧中川は木下川水門と荒川ロックゲートまでの約7㎞の釣り場。ほぼ全域でハゼ釣りが楽しめるといってよい。両岸は遊歩道が整備されていて足場も良好である。

その中でも北十間川が合流する江東新橋周辺が僕の一押しだ。

江東新橋周辺は亀戸中央公園前がよい。水際から1ｍほど沖には杭にロープが張ってある。ここは水深1ｍ弱であるが、亀戸中央公園前には浮島のような中洲があり、この浮島の周りの浅場が爆釣ポイントだ。乱杭先の水深1ｍほどの深場からどんどん浅場にハゼが上ってきて、活発にエサを摂餌する。

もちろん杭がある本流でもよく食うのだが、浮島のほうが水深が浅いぶん、そして短いサオを使えるぶん手返しがよく数が伸びる。

北十間川の合流から総武線の鉄橋までは、浮島を含めて好ポイントの連続だ。

浮島では2・1～2・4ｍザオ、杭の先ねらいでは3・3～3・6ｍザオを使いたい。

釣り方はミャク釣り。ウキ釣りに比べると難しく感じるかもしれないが、慣れてしまえば簡単だ。ミャク釣りを試したい方はアタリが多いこの時期にぜひ習得してほしい。手返しも早くなり数も伸びるはずだ。

はじめは分かりやすいブルブルッというアタリから始まると思う。これはハゼがエサをくわえて逃げる時のサイン。アタリが大きい割にはハリ掛かりしない。その前に感じるコツッやコンッという感覚が、ハリ掛かり率が高いアタリだ。また、化繊の目印が横に移動するだけのケースもある。

この時期のアタリは仕掛けを投入してすぐにある。落ちて来るエサをハゼは見ているので、オモリが底に着くと同時にエサを食うハゼもたくさんいる。オモリ着底後3～5秒で当たると考えてもよい。僕はそのイメージで釣りをしている。

エサはアオイソメ。エサ付けは小さく、ハリスは短く（5㎝）を忘れずに。

おおむね時速70～100尾で、過去には4時間で352尾がある。

2020年夏も爆釣であった。

ACCESS

電車

東武亀戸線亀戸水神駅下車。改札を出て亀戸中央公園を通り抜けると浮島ポイントに出る。

亀戸中央公園前・浮島ポイント

新江新橋下は日陰のできる納涼ポイント

北十間川合流点

時にはこんなサイズも釣れてくる

ハゼの魚影はとても多い

東京都墨田区

北十間川

ハゼ

他の魚種
セイゴ・ダボハゼ

墨田区押上を流れる北十間川。東京スカイツリーのお膝元のハゼ釣り場としてすっかり定着し、大人気となっている。

スカイツリーの完成に合わせて、横十間川分岐点を除き現在ではほとんどの場所で両岸遊歩道が整備され、サオをだせるポイントが格段に広がった。なかでもスカイツリー周辺は、交通の便がよいことから多くのハゼ釣りファンで賑わっている。

例年6月頃から釣れ始め10月頃までほぼどこでも楽しめる。

スカイツリーは大人気ハゼ釣り場の目印!

スカイツリー周辺は人気ポイントゆえ8月に入るとスレてしまったり、暑さで食いが渋ってしまったりと釣果が落ちる傾向にある。

僕のおススメのポイントは、横十間川分岐から旧中川寄りが空いていて、以前からお気に入りの場所である。

2019、2020年とも8月中旬に釣行しているのだが、スカイツリー周辺はアタリが遠かったのに対し、おススメポイントではサオ入れと共にバタバタと釣れて、1時間余りで30尾ほどの釣果を得た。

北十間川は、普通に釣れれば時速40〜60尾は無理なく可能。したがって食いが悪い時はアタリがない場所で粘らず移動すれば釣果は変わってくる。少しでもアタリが出る場所を捜すことが釣果を伸ばすキモである。

釣り方ははミャク釣りでねらいたい。3〜3・6mの渓流ザオにミチイト1〜1・2号をサオいっぱいに取り、中通しオモリ0・5号を通して自動ハリス止めを結ぶ。ハリは袖4〜5号またはオーナー・ハゼライト5号。ハリス5㎝。

ミチイトには渓流用の化繊目印を7〜10個付ける。目印はサオ先側に付け、サオ先と目印の両方でアタリを取るとよいだろう。もちろん手に感じるアタリも逃さず、少しでも違和感があれば合わせるようにしたい。

エサはアオイソメが数釣りに向いている。真夏の暑い日中はハゼの食いも落ちるので涼しい時間帯をねらって釣りをしたい。

ACCESS

電車
東武スカイツリーライン、東京メトロ半蔵門線押上駅下車。

スカイツリーを眺めながらハゼ釣りが楽しめる

両岸ともきれいに整備されている

文字どおりスカイツリーのお膝元

東京都足立区

荒川・小菅周辺 テナガエビ

荒川には多くのテナガエビポイントがある。足立区小菅荒川左岸のJR常磐線・つくばエクスプレス鉄橋周辺はテナガエビが好むゴロタ石地帯だ。東武スカイツリーライン小菅駅から徒歩5分ほどと駅近なのもうれしい。

釣り場の鉄橋下は電車の通過音が少々うるさいが、暑い日差しを避けられるので人気が高い。また鉄橋上流もゴロタ石が続いているので、好みのポイントに陣取ろう。

駅近・お手軽フィールドで並べ釣り

当然潮の干満があり、満潮時はゴロタ石のかなり上まで水がくる。逆に干潮時はゴロタ石の切れ目、場所によってはフラットな底が見えるが、そんな所にも石が点在している。

満潮時でも釣れるが、潮が低い時にゴロタ石やフラットな底に点在する石周りをねらうのが釣りやすく得策だ。

潮の高い時は根掛かりに強い十字テンビン仕掛けの出番。潮の低い時なら通常の玉ウキ仕掛けでOK。ウキのアタリがはっきり分かるので数も伸びるはずだ。

エサは赤虫を使用する。

テナガエビ釣りの場合、1本ザオよりも長短2～3本のサオを並べて釣りをしたほうが効率がよい。僕は2・4～2・7mザオの2本で釣っている。

テナガエビはエサをその場ではなく住処に戻ってから食べる傾向にあるので、アタリがあっても（ウキがスーッと動いても）動きが止まるまで待っていなければならない。

1本ザオだとこの時間が、なかなかじれったい。ついつい「もうよいかな？」と早めにサオを上げてしまいがち。

2～3本並べていれば1本のサオに集中することなく、交互にサオを操作するのでその間にエビが掛かるという寸法だ。

どこも同じようなポイントに見えるけれど、アタリが多い場所とそうではない場所があるので、アタリが少なければ移動してよい場所を見つけることが数を伸ばすコツ。

外道にハゼも多い。またジャンボなテナガエビも釣れるので楽しい釣り場だ。

ACCESS

電車

東武スカイツリーライン小菅駅下車。荒川河川敷を通って釣り場へ5分ほど。※クルマは土日祝日に限って河川敷の駐車場が利用可。

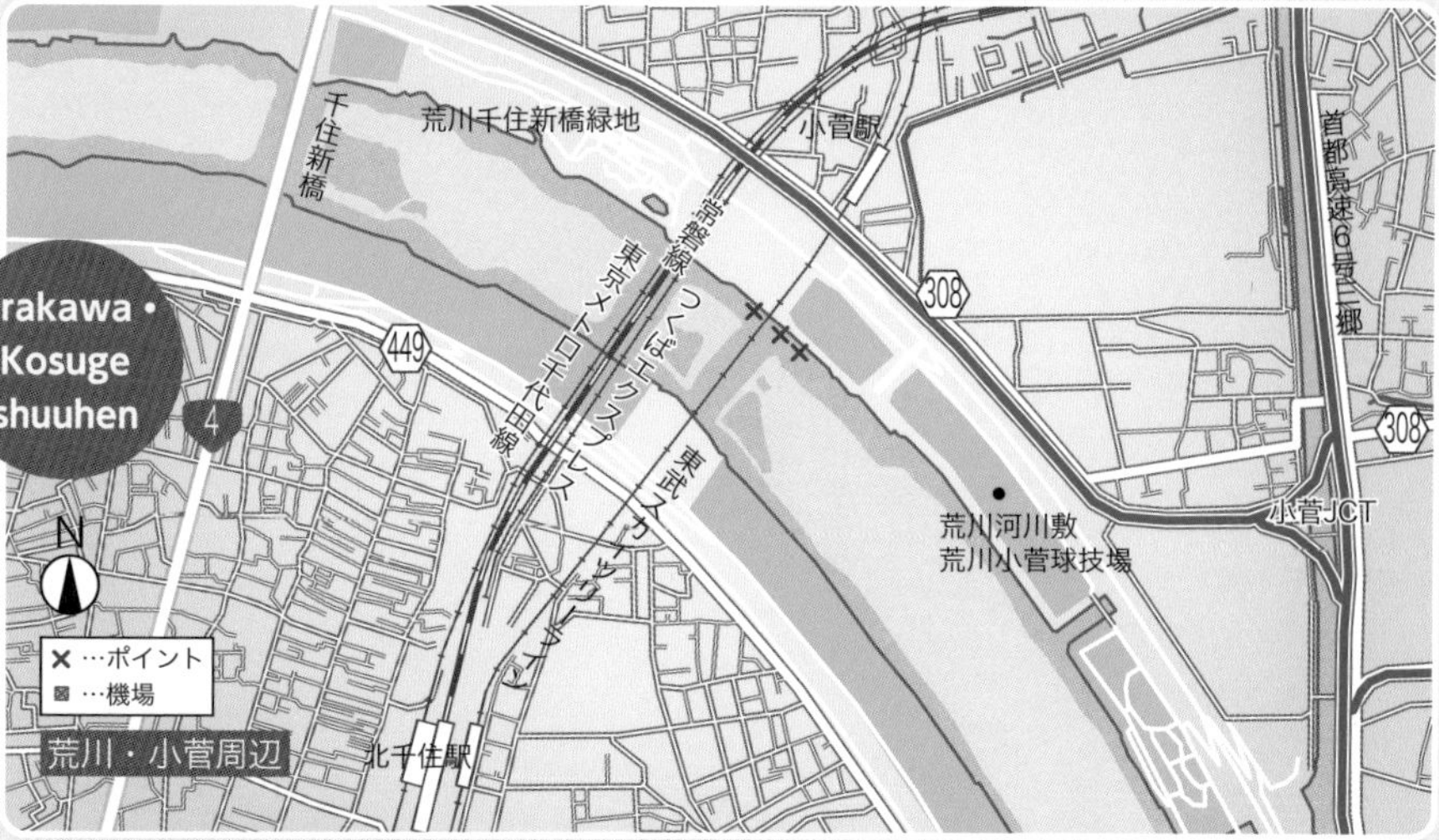
Arakawa・Kosuge shuuhen
荒川千住新橋緑地
千住新橋
小菅駅
首都高速6号三郷
常磐線
東京メトロ千代田線
つくばエクスプレス
東武スカイツリーライン
308
449
4
荒川河川敷
荒川小菅球技場
小菅JCT
N
×…ポイント
◙…機場
荒川・小菅周辺
北千住駅

ＪＲ鉄橋付近（干潮時）

鉄橋下ポイント（満潮時）

干潮時の鉄橋下ポイント。満潮時と比べてほしい

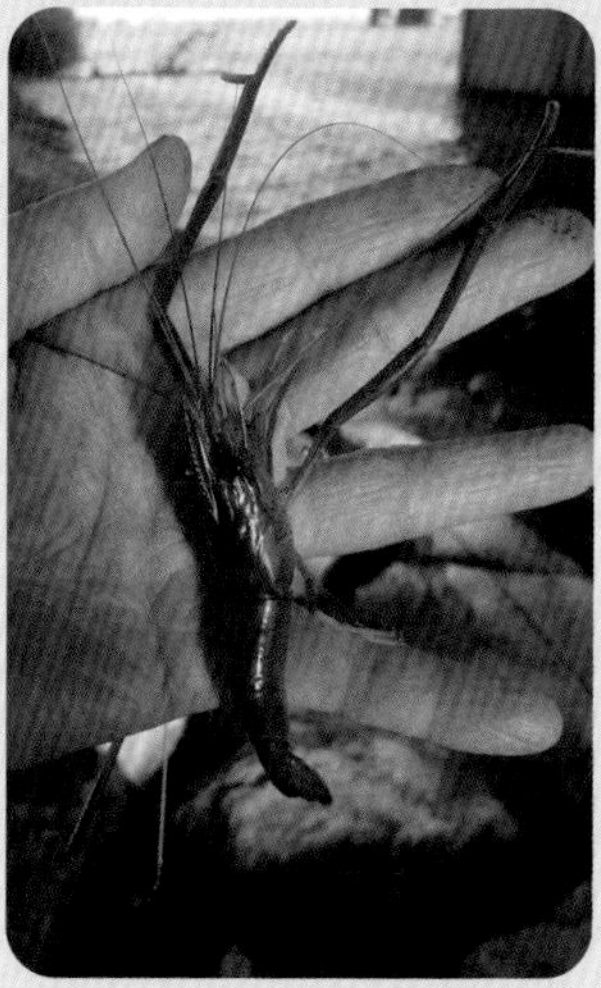

こんな良型も釣れる!

ＪＲ鉄橋下流側

東京都足立区

舎人公園

クチボソ、モロコ、小ブナ

東京都足立区にある舎人公園。陸上競技場、テニスコート、野球場等のスポーツ施設のほか、お花見広場、じゃぶじゃぶ池、ソリゲレンデ、幼児広場等があり、家族連れで楽しめる都立公園だ。

釣りは公園内の大池でできる。釣りものはヘラブナ、マブナ、コイのほか、クチボソ、モロコ、小ブナ等の小もの釣りもよい。

とりわけクチボソやモロコは驚くほどたくさんいて、釣りの初心者でも熱くさせてくれるだろう。

グルテンエサで入れ掛かりを演出

クチボソ、モロコと侮るなかれ！ 数をたくさん釣ろうと思うとなかなか手強い。

しかし、仕掛けとエサに気をつけさえすれば入れ掛かりとなる。

1.5m小ものザオに、小型親ウキ+糸ウキの組み合わせの連動シモリウキ仕掛け。ハリはタナゴバリ新半月、半月、流線を使用する。タナゴバリを使うことで小さな魚にも対応できる。

仕掛けバランスは、親ウキの頭がわずかに出るくらいのトップバランスか、水面下で止まるゼロバランスに調節すればアタリをよく出してくれる。

タナゴバリの使用と先の仕掛けバランスで、アタリの出方、釣れ具合が格段に上がるはず。

エサはグルテンが一番で、集魚効果が抜群。一度寄ってしまえば仕掛けを投入するたびに魚がブワッと寄ってくるはずで、四六時中アタリが出っぱなし状態になる。赤虫でもよく釣れるが、グルテンに比べると釣果は半減する。

タナは30㎝前後でよく、底付近をねらうと小ブナが混じってくる。

２０２０年は7月に二度釣行した。それぞれ2時間ほどウッドデッキ周辺で釣りをして、赤虫使用時はクチボソ、モロコ50尾超。グルテン使用時はクチボソ、モロコ１００尾超に小ブナ10尾。

なお、リールザオの使用は禁止のほか、一部立ち入り禁止区域があるので園内のルールを守って楽しく釣りをしていただきたい。

ファミリーで釣って遊んで一日を満喫できる公園である。

ACCESS

クルマ

環状７号線江北陸橋下交差点から尾久橋通りを舎人方面へ。

電車

日暮里・舎人ライナーで舎人公園駅下車。駅を降りたらすぐに公園入口。

舎人公園
×…ポイント
▨…機場
N
Tonerikouen
舎人公園
陸上競技場
舎人駅
58
舎人公園
テニスコート
日暮里・舎人ライナー
舎人公園
WC
WC
西伊興
舎人公園駅
WC
舎人公園通り

大池の釣り風景

ねらって釣るとなかなか手強いクチボソ

ウッドデッキもある

小ブナも顔を出す

東京都江東区

大島川西支川

ハゼ

他の魚種
ウロハゼ

東京都江東区門前仲町の大島川西支川は、仙台堀川から大横川に至る全長約８２０mの川で、ビルの間を流れる大都会のハゼ釣り場である。

こんなビルの間を流れる川でハゼが釣れるのか？　と思うような場所ではあるが、釣り人が少ない穴場的な所でハゼの魚影は非常に多い。正面にはスカイツリーがドーンと見えるので、スカイツリーを楽しみながらハゼ釣りが出来る。

両岸の多くは遊歩道になっていて足場は大変よいが、２０２０年８月現在は一部工事で通行できない箇所がある。

「こんな所で!?」爆釣タイムを満喫

フェンス越しの釣りで水面までが高いので、長めのサオでミャク釣りでねらう。４・５mの渓流ザオ（硬調）にミチイト１〜１・２号をサオいっぱいに取り、中通しオモリ０・５もしくは０・８号を通して自動ハリス止めを結ぶ。ミチイトには渓流釣り用の化繊目印を７〜10個付ける。ハリは袖４〜５号が標準、ハリスは０・６〜０・８号５㎝。僕はオーナー・ハゼライト５号を愛用している。

エサはアオイソメをタラシの出ないように小さく付ける。

釣り方は、仕掛けを沖め一杯に振り込み、オモリが着底したら軽くイトを張る。アタリがなければ手前に仕掛けを移動するが、ズルズルと引きずるのではなく、オモリを少し跳ね上げるイメージでエサを動かすとよい。

アタリは、ミチイトを張った状態でダイレクトにコンッ、ブルッとくるほか、目印がスッと引き込まれる手元に感じないアタリが目印に出る。サオ先を注視しているとクンクンと引き込まれるので分かりやすい。

アタリが出るのはオモリ着底直後が多く、数を釣るためにはこのタイミングのアタリを捉えたい。

アタリがあってもハゼが乗ってこない場合の多くはエサ付けに問題があるので、こまめにエサのチェックも行なうようにしたい。

状況にもよるが、おおむね時速30〜40尾は釣れる。２０２０年８月30日の釣行では、午前中は時速40尾ペースであったが、猛暑の午後はアタリがガクッと落ちた。猛暑の夏は涼しい時間帯をねらうことも釣果アップの秘訣といえる。

ACCESS

電車

都営大江戸線・東京メトロ東西線門前仲町駅下車。永代通りを永代橋方面に５分ほど歩くと大島川西支川。

※クルマは周辺のコインパーキングを利用。

Oshimagawa nishishisen

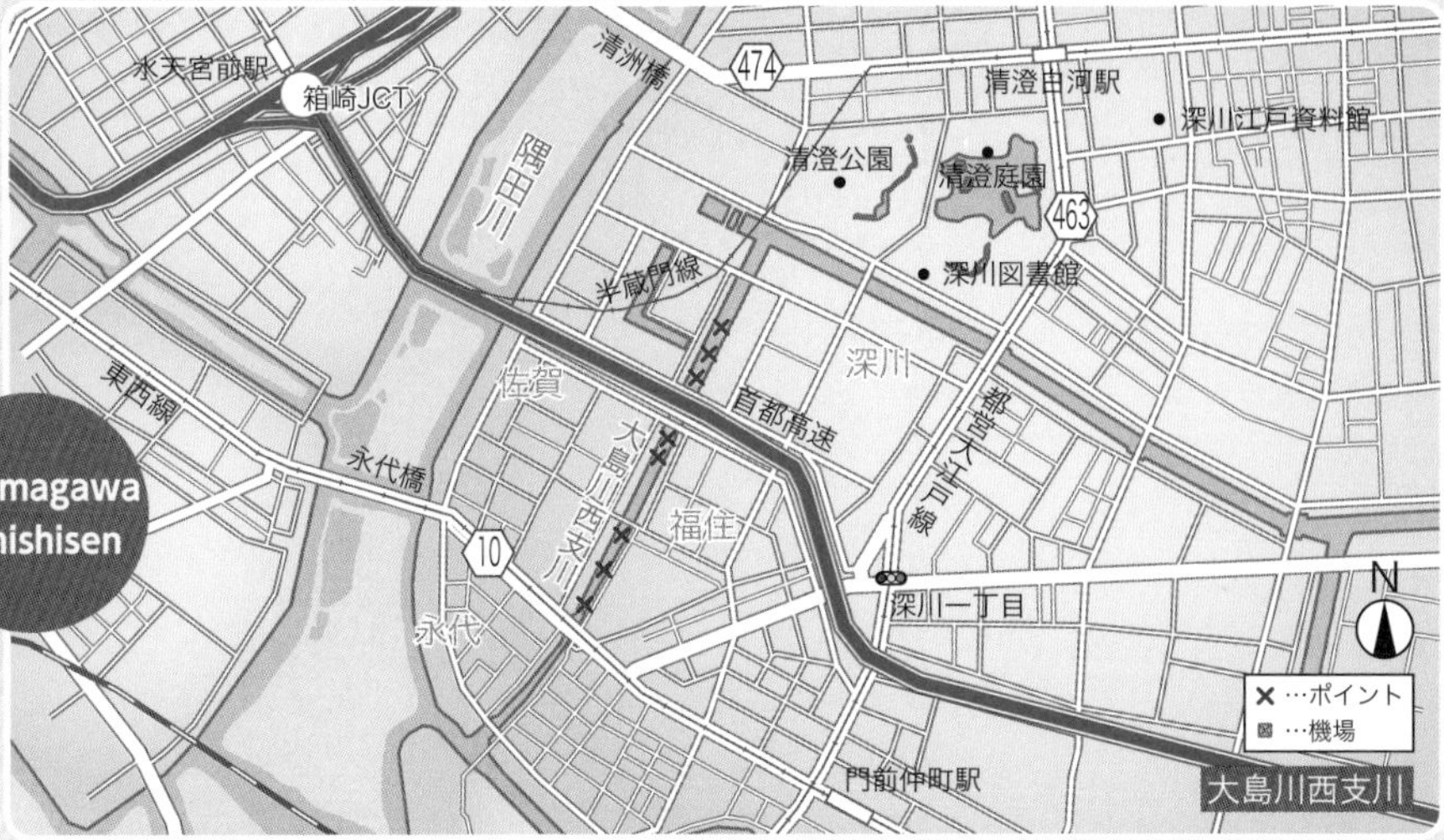

スカイツリーを望みながらハゼ釣りが楽しめる

水面まで距離があるので長めのサオを用意したい

時速 30 ～ 40 尾がアベレージ

東京都港区

お台場海浜公園

ハゼ

東京都港区台場のお台場海浜公園。おだいばビーチあり、自由の女神像あり、周辺には商業施設もたくさんあり多くの人で賑わう東京の観光スポットの1つだ。

僕が子供の頃、お台場は現在のように都会の風景ではなく何もなかった。もちろん、ハゼの好釣り場だったことはいうまでもない。

海浜公園として整備された現在は、どこでも釣りが可能なわけではなく、海上バス発着所の左側にある桟橋より左側に続く人工磯の磯浜ゾーンに限定される（砂浜ゾーンは釣り禁止）ので気をつけよう。

半日で束釣りも可能な魚影の多さ

現在でもハゼの魚影は非常に多い。一見すると磯場はポイントをつかみづらいが、潮が引いている干潮時はゴロタ石場の先の砂地を、潮が満ちている満潮時は人工磯場の石と石の間の砂地を捜してねらうとよい。

1つの目安として、ダボハゼが釣れる場合はマハゼのポイントではないと思ってよい。よいポイントではマハゼが連続して釣れてくるはずだ。このようなポイントを見つけられるかどうかで釣果が変わってくる。

タックルは2〜3・6mザオにミャク釣り仕掛けでねらうとよい。ハリは袖4〜5号。エサはアオイソメ。

時速20〜30尾が平均的な釣果であるが、好ポイントに当たると入れ食いになり半日で束釣りも可能。僕も息子も共に束釣りを達成している。

２０１８年7月22日は日中2時間の釣りで40尾の釣果となっている。

僕は子供の頃からお台場のハゼ釣りがとても好き。昔の面影は全くないが、都会的な釣り場の雰囲気に変わった現在でも定期的に訪れたいハゼ釣り場である。

涼しい朝に釣りをして、日中はアミューズメントパークで遊んだり、商業施設で買い物をしたり、ファミリー、カップル、友達同士等で釣り＋αを楽しんでいただけたらと思う。

ACCESS

電車

新交通システムゆりかもめで台場駅下車。徒歩2〜3分で釣り場。

Odaiba Kaihin kouen

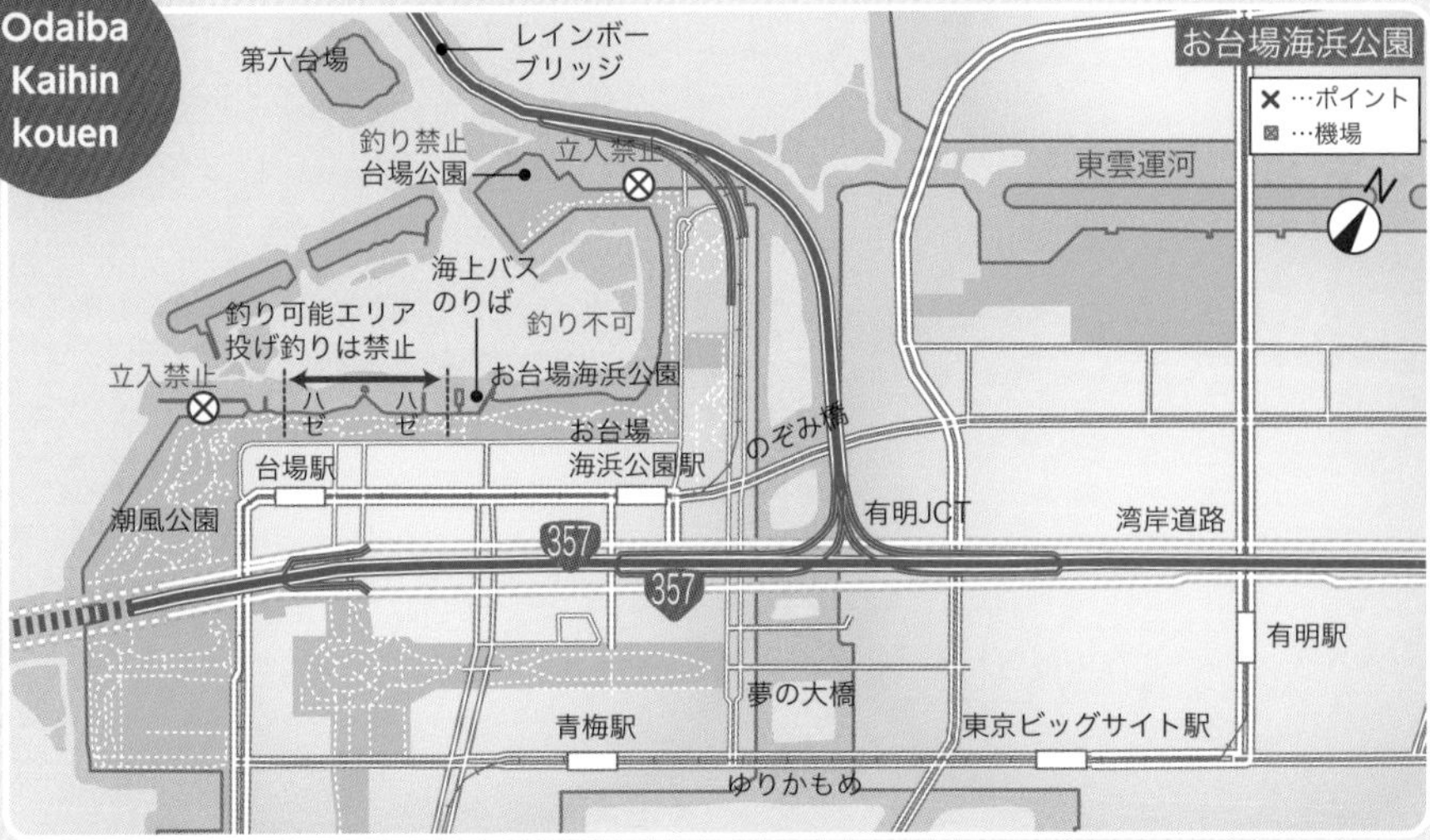

お台場海浜公園
✕…ポイント
…機場
第六台場
レインボーブリッジ
釣り禁止
台場公園
立入禁止
東雲運河
海上バスのりば
釣り不可
釣り可能エリア
投げ釣りは禁止
立入禁止
ハゼ
ハゼ
お台場海浜公園
お台場海浜公園駅
のぞみ橋
台場駅
潮風公園
有明JCT
湾岸道路
357
357
有明駅
夢の大橋
青梅駅
東京ビッグサイト駅
ゆりかもめ

ベンチや木陰もある釣り場

釣り場は大きな石もあって変化に富む

レインボーブリッジも見える

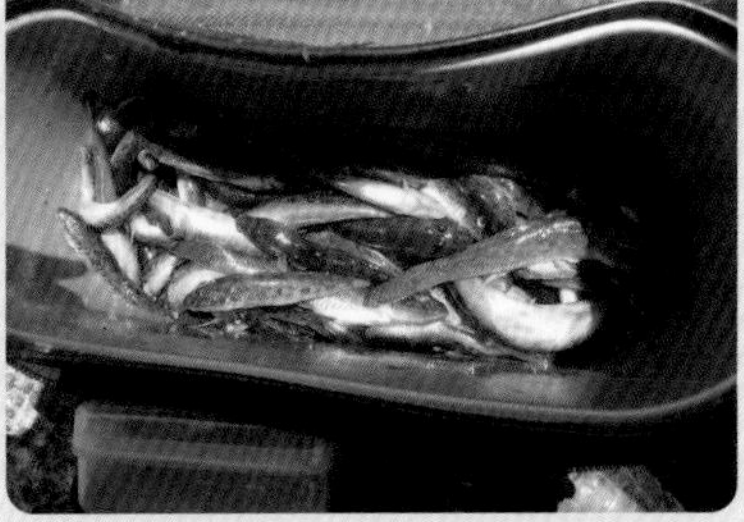

半日もあればかなりの釣果が望める

海浜公園
ODAIBA MARINE PARK

釣り可能・禁止エリアを表示した看板も設置されている。ルアー・投げ釣りは禁止なので注意

東京都品川区

大井ふ頭中央海浜公園

ハゼ

品川区にある東京都立大井ふ頭中央海浜公園は、夏ハゼ釣り場のメッカ。京浜運河に面した公園で、夏になると多くのハゼ釣りファンで賑わう。トイレの心配はいらないし、駐車場もあるから家族連れ、仲間同士、カップルで楽しめるので環境は大変よい。

ポイントは大きく分けてしおじ磯、夕やけなぎさ、はぜつき磯、みどりが浜の4つである。

しおじ磯、はぜつき磯、みどりが浜はゴロタ石場で、満潮時はゴロタ石に潮が満ちて釣りづらいので、干潮時の潮が動いている時にゴロタ石先を重点的にねらいたい。濡れているゴロタ石は非常に滑りやすいので気をつけてほしい。

環境抜群、ただし足元にはご注意を

夕やけなぎさは砂地で（干潟保全地区は釣り禁止）、ひざ下くらいまで立ち込んでの釣り。所々に岩があるのでサンダルやビーチサンダルは危険。最低限ウオーターシューズの着用が望ましい。また、アカエイもいるので注意。時間帯は満潮時ねらいがよい。

釣り方はミャク釣りがよく、2・7〜3・6ｍの渓流ザオに、ミチイト1〜1・2号。0・5号の中通しオモリを通して自動ハリス止めを結び、渓流釣り用の化繊目印を7〜10個付ける。ハリは袖バリ4号またはオーナー・ハゼライト5号。ハリスは5㎝。エサはアオイソメ。

ハゼは汽水域の魚で潮の干満の影響を受けるので、釣行時は潮時表を必ずチェックしていこう。

魚影の非常に多い釣り場だが、連日多くの釣り人にねらわれスレているハゼも多い。食い渋りの場合は、長めの4・5ｍザオで沖めを釣るとペースが上がることがあるので試してほしい。好不調のムラもあるが、釣れる時は束釣りも可能だ。

夏の釣りは、熱中症や日焼け対策も万全にしたい。朝夕の涼しい時間を中心に釣行することをおススメする。

緑の多い公園でハゼ釣りを楽しんでいただきたい。

ACCESS

電車

東京モノレール大井競馬場前下車。京浜運河に架かる勝島橋を渡ると公園。

しおじ磯

夕やけなぎさ

はぜつき磯

みどりが浜

東京都大田区・神奈川県川崎市

多摩川・JR線&京急線鉄橋付近

テナガエビ

他の魚種
デキハゼ・ダボハゼ

好ポイントが目白押しの人気エリア

多摩川に架かるＪＲ線&京急線鉄橋周辺から六郷橋は、テナガエビの好ポイントが目白押し。毎年シーズンともなるとたくさんのファンが訪れる。

右岸鉄橋上流一帯は消波ブロック地帯。この消波ブロックの陰に隠れているテナガエビをねらう。消波ブロックの穴に仕掛けを落してアタリを待つのだが、すぐにアタリが出ない穴は見切りをつけることが大事。

右岸鉄橋下流の護岸は、２０１９年より２０２０年11月現在、堤防工事中で立ち入り禁止。

右岸六郷橋周辺は、干潮時に護岸先の捨て石周辺をねらう。特に橋下流は1級ポイントでテナガエビが多い。僕はこのポイントが好きでよく釣れるのだが、人気ポイントゆえ人も多い。

川崎側は駅から徒歩10分ほどなので「釣り鉄」向き。

対岸の東京側は鉄橋周辺護岸の捨て石周りおよび六郷橋下の捨て石周りをねらう。

東京側は京急線六郷土手駅利用のほか、河川敷に有料駐車場がある。

タックルは2〜3mの小ものザオに玉ウキを使用したテナガエビ仕掛け。エサは赤虫。

消波ブロックの穴、護岸の捨て石周りともに長短のサオでねらうとよい。数が釣れるポイントはすぐウキにアタリ（動き）がある。テナガエビの移動が終わるのを待ってからサオを上げよう。

例年の釣果は20〜30尾。これにデキハゼやダボハゼが混じる。

多摩川のテナガエビはなかなか手強いが、攻略した時の喜びはひとしおである。

なお、護岸は濡れていると大変滑りやすく危険なので注意してほしい。

川崎は東海道川崎宿で六郷橋は昔、六郷の渡しがあった場所。旧東海道を歩きながら史跡散歩も楽しいかもしれない。

ACCESS

電車

ＪＲ東海道本線・京浜東北線・南武線・上野東京ライン川崎駅下車。京急線京急川崎駅下車。徒歩 10 分ほど。

※クルマの場合は川崎駅周辺のコインパーキング利用。

Tamagawa
JR・Keikyu
Tekkyou
fukin

JR鉄橋上流右岸の消波ブロック帯

六郷橋上流側

毎年シーズンになると多くのファンを楽しませてくれる

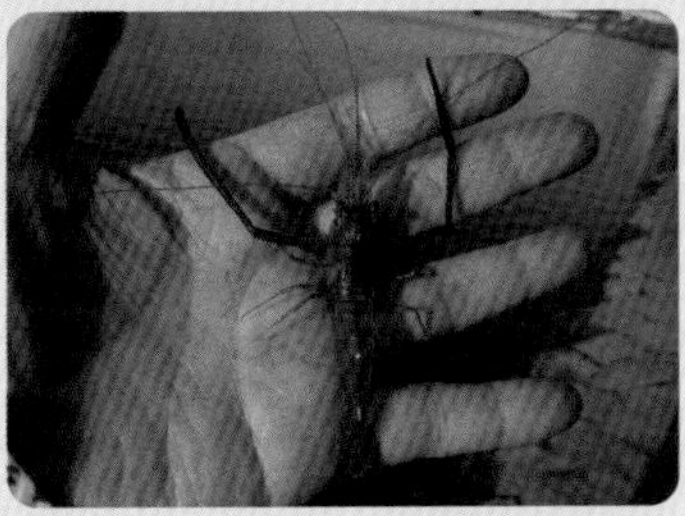

京急線鉄橋付近

六郷橋下流

埼玉県さいたま市

別所沼公園

テナガエビ、クチボソ、モロコ

ファミリーで楽しめる公園の沼

埼京線中浦和駅を降りてすぐの別所沼公園。駅の近くだが自然豊かな環境にある。

池ではヘラブナ、小もの、テナガエビ釣りが楽しめる。

一年中釣りはできるが、夏から秋がよく、なかでも小もの釣りとテナガエビ釣りがお手軽だ。小もの釣りではクチボソ、モロコがほとんどでタナゴが釣れたらラッキーだ。

ねらいは沼東側の乱杭周りが釣りやすく釣果も上がる。座ってじっくりと釣りたいので折りたたみイスがあるとよいだろう。

仕掛けは、1m前後の小ものザオもしくはタナゴザオにタナゴ仕掛けをセットし、ハリはがまかつ・極タナゴもしくはささめ針・新紅鱗を使用。エサはグルテン。ウキ下30㎝から釣り始め、グルテンを打っていく。早い時はすぐにアタリが出ることもある。

アタリが出ない時はウキ下を深くしてみるとよい。それでもアタリが遠い場合は場所を変えてみること。

テナガエビねらいの場合は赤虫エサで、2〜2・7mザオを2〜3本並べて釣りたい。仕掛けはシンプルな玉ウキ仕掛けでもよいが、別所沼のように沼や池でテナガエビを釣る場合は、シモリ仕掛けを使用するとテナガエビの動き、アタリを捉えやすい。シモリウキがスーッとゆっくりと動いていくので、動きが止まったらサオを立ててゆっくりと引き上げよう。クンクンと小気味よい引きを味わえるはずである。

シモリウキがスッスッと早く動く場合はクチボソやモロコである。

状況にもよるが、20〜30尾はねらえる。

別所沼公園ではリール釣りは禁止。また、弁天島での釣りは禁止なので気をつけていただきたい。

公園内ということもあり、家族連れで楽しめる釣り場である。

ACCESS

クルマ

首都高速埼玉大宮線浦和南ICで降りR17を直進。田島交差点を右折して県道40号さいたま東村山線に入り別所沼公園へ。公園駐車場は駐車台数が少ないので注意。

電車

ＪＲ埼京線中浦和駅下車。徒歩５分。

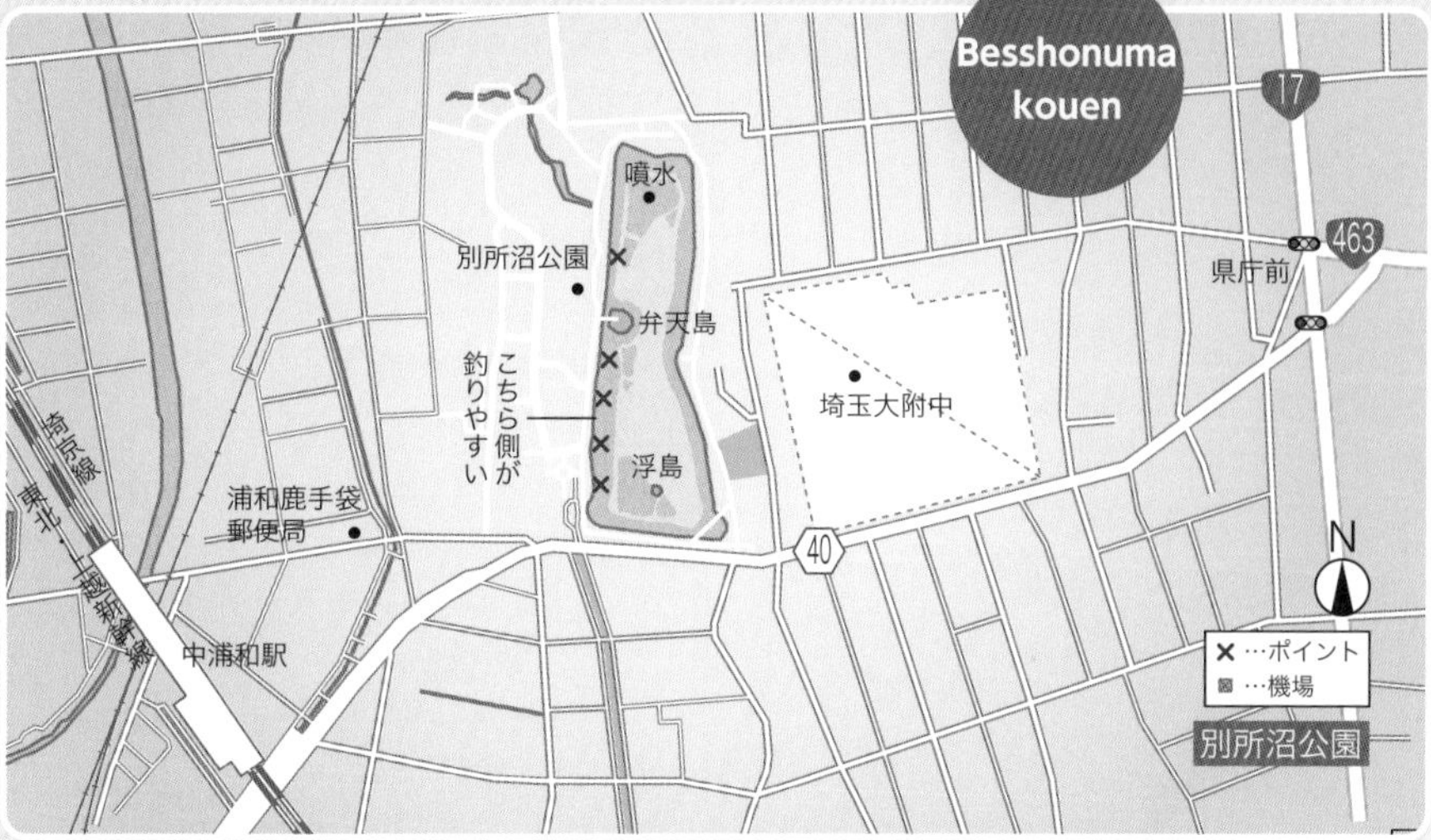
Besshonuma kouen
17
463
噴水
別所沼公園
弁天島
こちら側が釣りやすい
浮島
埼玉大附中
県庁前
浦和鹿手袋郵便局
中浦和駅
埼京線
東北・上越新幹線
40
N
×…ポイント
…機場
別所沼公園

噴水もあるのは
公園の沼ならでは!?

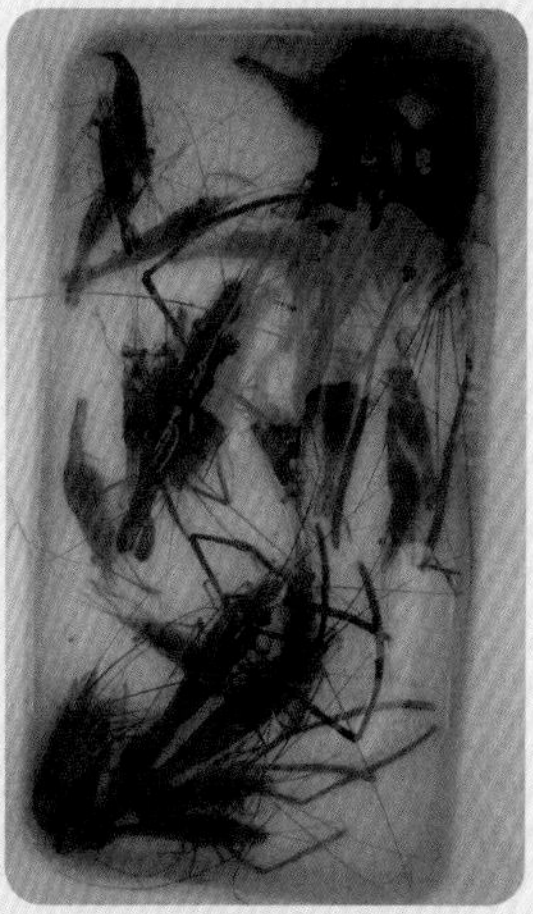

止水のテナガエビ釣りも乙なものだ

沼東側の乱杭周りが釣りやすい

埼玉県志木市

柳瀬川

ヤマベ

都心から電車で20分強の清流フィールド

埼玉県志木市及び新座市、上流部は所沢市と東京都東久留米市の県境を流れる柳瀬川。

柳瀬川は新河岸川の支流で、近年は水質もよくなりアユも上って来るようになった。アユの魚影は大変多く、6月ともなればアユのオランダ釣りの人で賑わう。

しかし、ぼくのねらいはヤマベの毛バリ釣り。エサ要らずで、毛バリ仕掛けさえあれば思い立った時に釣行出来る。そして柳瀬川はヤマベの魚影もとても多い。

東武東上線の柳瀬川駅を降りると目の前が柳瀬川だ。池袋からわずか20分強という近さは「釣り鉄」ならずとも魅力的。

釣り場は志木大橋から新河岸川合流点下流までが「釣り鉄」向き。参考までに、上流の清瀬金山緑地公園から上流の清瀬橋間も好ポイントが連続している。

志木大橋下流から瀬が連続して東武線鉄橋まで続く。その先、富士見橋より下流から新河岸川合流点間も瀬が続いて好ポイントを形成している。

サオは3・9ｍのヤマベザオもしくは渓流ザオ。毛バリ仕掛けは、毛バリが5～7本セットされた仕掛けが釣具店で売っているので、これを買い求めるとよいだろう。

毛バリ釣りの基本は下流に釣り下ること。そして、自分の立ち位置よりやや下流に仕掛けを投入し、サオと毛バリ仕掛けが一直線になるようにして、仕掛けを扇型に流す。

アタリはダイレクトにガガンッと伝わってくる。基本的に向こうアワセで、ヤマベが掛かったらサオを立てて手前に寄せる。

志木大橋から新河岸川の合流点まで釣り下るとちょうど1日のコースである。

流すポイントは水深10～50㎝の浅瀬で、流れが石にぶつかったり、流れと流れがぶつかったりして変化のある場所は最高のポイントだ。

よさそうな瀬を流してもヤマベの反応がない場合は、ヤマベがアユに追いやられて別の流れにいる可能性がある。柳瀬川ではチャラ瀬にこの傾向があり、流れの強い瀬を流したほうがアタリが多くあるように感じる。

1日毛バリを振って40～80尾といったところ。東京近郊の清流柳瀬川を楽しんでいただきたい。

ACCESS

クルマ

R254英ICから浦和所沢バイパス(R463)を浦和方面に走り志木大橋を渡って柳瀬川駅へ。周辺のコインパーキングを利用する。

電車

東武東上線柳瀬川駅下車。

Yanasegawa

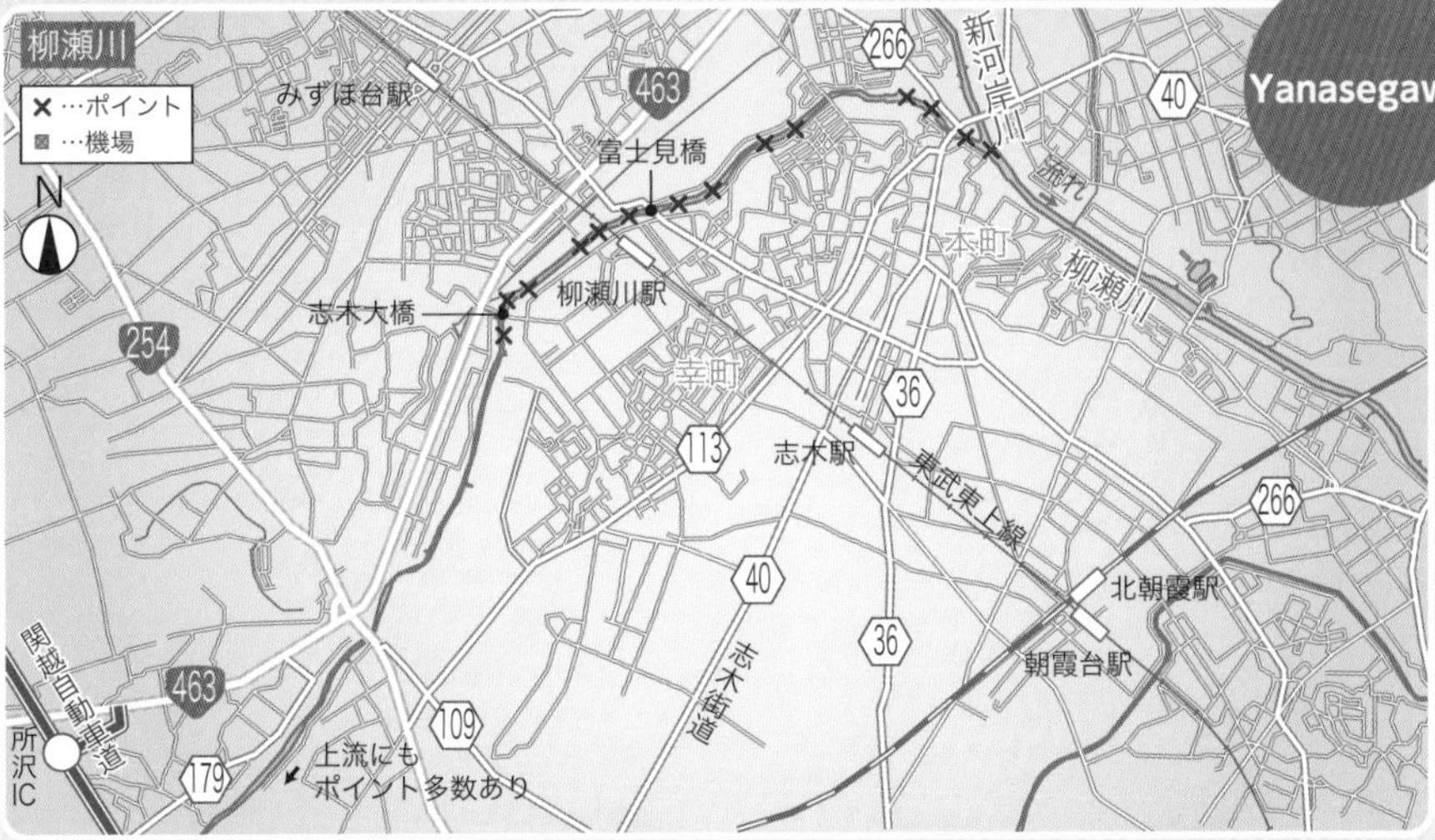
柳瀬川
×…ポイント
■…機場
N
みずほ台駅
463
266
新河岸川
40
富士見橋
流れ
本町
柳瀬川
柳瀬川駅
志木大橋
254
幸町
36
113
志木駅
東武東上線
266
40
北朝霞駅
36
朝霞台駅
志木街道
関越自動車道
463
所沢IC
109
179
上流にも
ポイント多数あり

志木大橋下流

柳瀬川が合流した辺りの新河岸川

富士見橋下流

きれいな婚姻色のオス
混じりの釣果

埼玉県富士見市

新河岸川放水路

ヤマベ、小ブナ、タナゴほか

他の魚種
ブルーギル、カマツカ、コイ、レンギョ

シーズン
5月上旬～10月下旬

新河岸川放水路は新河岸川の渋井水門からびん沼に繋がる両岸護岸された水路である。

ヘラブナ釣り場として知られるが、ヤマベ、小ブナ、タナゴ、クチボソ、モロコ等の魚影も多く、特に夏から秋にかけて活性の高い魚がねらいやすい。この時期はヤマベが護岸際で群れていたり、ヒラを打っていたりするし、巨大なレンギョも泳いでいる。いろいろな魚が釣れるので五目釣りでもよいだろう。

1・5～2mの小ものザオに、小型親ウキ＋羽根ウキの組み合わせの連動シモリ仕掛けを使用し、親ウキの頭がわずかに出るトップバランスに調整する。タナは底を少し切るイメージで流す。ハリはタナゴバリの新半月、半月、袖1号。エサはグルテン。

何目イケるか競うのも楽しい

釣り始めは、魚を寄せるためグルテンを打ち返していく。早ければ数投でアタリが出る。だいたい最初に釣れてくるのはヤマベでウキがスパッと引き込まれる。

しばらくはヤマベが釣れて、その後モゾモゾッとした小さなアタリで小ブナや小ベラが釣れてくるパターン。このパターンの繰り返しが続く傾向にある。

ヤマベは13～14㎝級、小ブナ、小ベラも14～15㎝級なので引きが強くて面白い。外道にブルーギル、カマツカ。

タナゴやクチボソは、岸寄りに生える草周りを中心に水路の流入点等をねらうとよい。

1m前後の小ものザオやタナゴザオに感度のよいタナゴ仕掛けを、ハリもがまかつ・極タナゴやささめ針・新紅鱗を使用する。

2020年8月、三本木橋上流左岸で3時間釣り、ヤマベ18尾、小ブナ、小ベラ12尾ほかブルーギル、カマツカ。その後上流を2時間探り歩きオカメタナゴ6尾、小ブナ4尾、小ゴイ、クチボソ、モロコ。

なお、東大久保橋上流右岸にある旧河岸川は冬場の釣り場。中層でヤマベ、底付近を釣ると小ブナが釣れる。

●埼玉南部漁業協同組合
（TEL048・642・5706）。
遊漁料400円（1日券、現場徴収）。

ACCESS

クルマ
東京方面よりR17新大宮バイパス三橋二丁目交差点を左折して県道56号に入り、荒川に架かる治水橋を渡り東大久保交差点を右折すると新河岸放水路の東大久保橋。

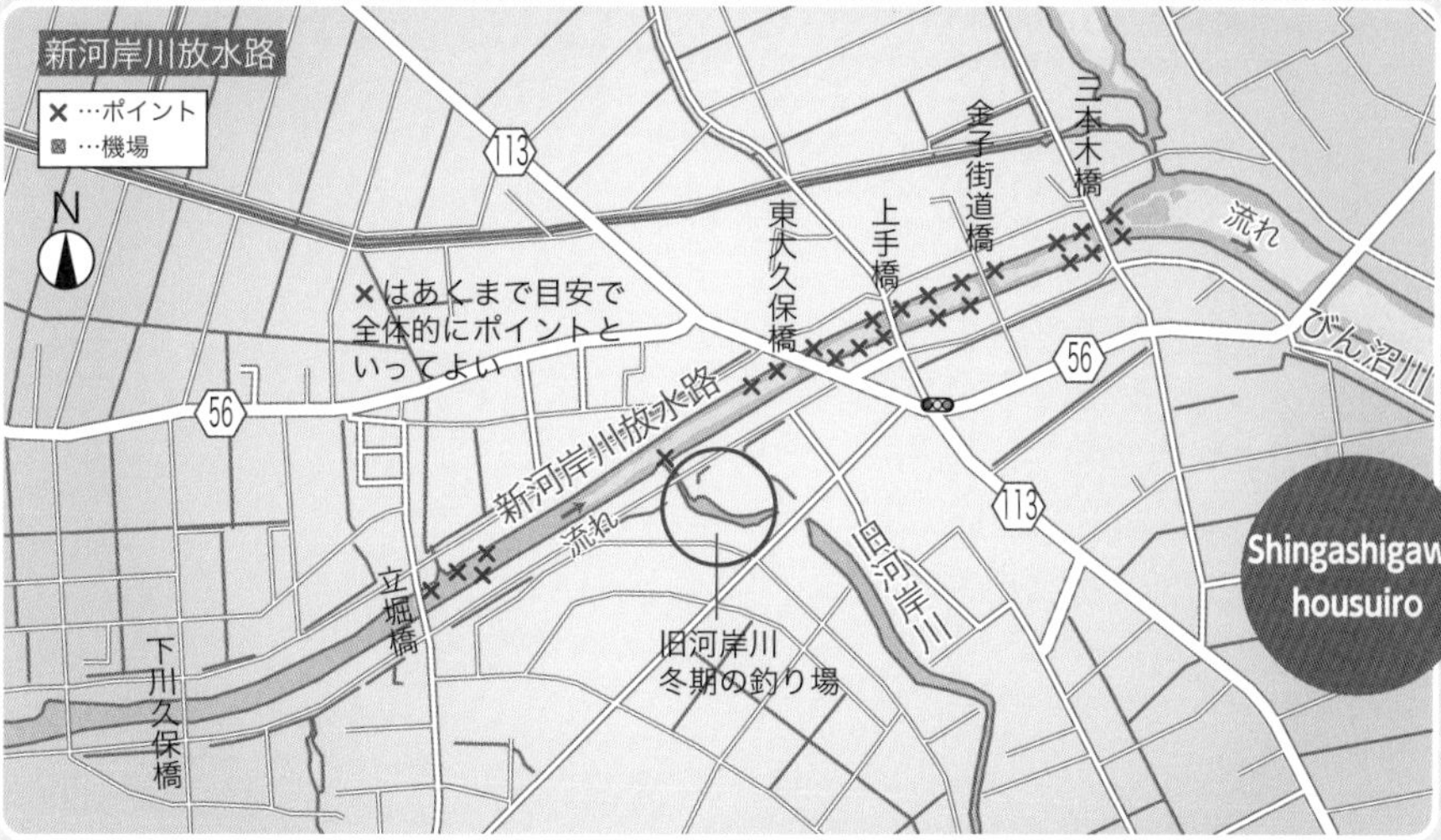
新河岸川放水路
×…ポイント
…機場
N
113
×はあくまで目安で
全体的にポイントと
いってよい
56
新河岸川放水路
流れ
立堀橋
下川久保橋
旧河岸川
冬期の釣り場
旧河岸川
東大久保橋
上手橋
金子街道橋
三本木橋
流れ
びん沼川
56
113
Shingashigawa
housuiro

三本木橋から上流を望む

東大久保橋下流

きれいな小ブナ

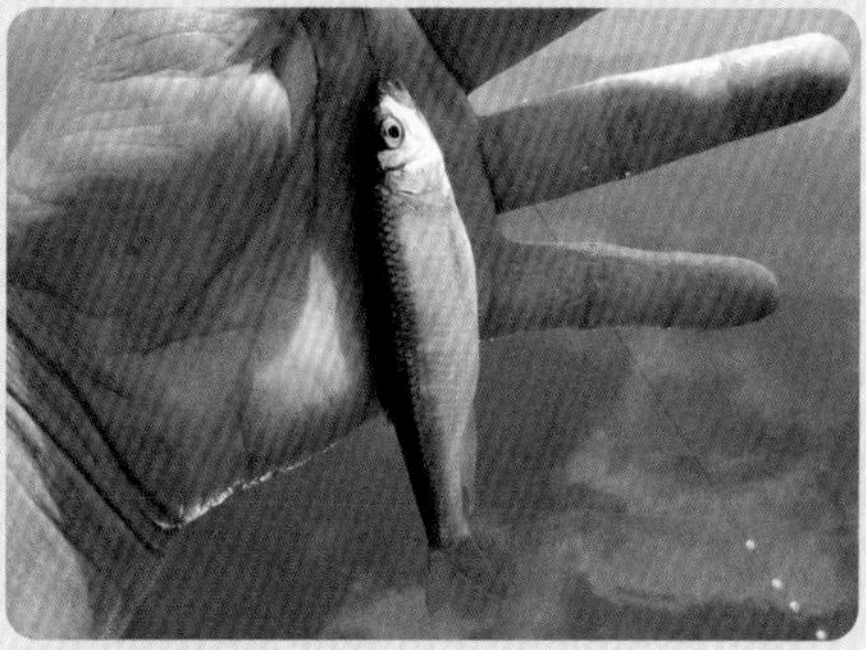
ぽっちゃり体形のヤマベ

タナゴが釣れたら
ラッキー

埼玉県川越市

伊佐沼

テナガエビ、クチボソ、モロコ、小ブナ

他の魚種
ヘラブナ、マブナ（尺サイズ）、コイ

埼玉県川越市にある伊佐沼。水田への水供給を目的として4月中旬には満水になる。

伊佐沼の釣りは満水になってから本格化し、水田に水を供給する役目が終了する8月までがよい。

伊佐沼の南北側は足場がよい。東側はアシ等が生えていてその間をねらう。西側は足場が高く柵もあって釣りには不向きだが、桜並木があって満開時は非常にきれいだ。

ターゲットはマブナ、ヘラブナ、テナガエビ、クチボソ、モロコ、小ブナ等である。マブナは尺ブナが釣れることもあるので魅力。

どの魚をねらうのか迷ってしまうかもしれないが、お手軽なのはテナガエビや小ものねらいだろう。

テナガエビの場合は2～3mザオにシモリ仕掛けか玉ウキ仕掛けを結び、2～3本サオを並べて釣ろう。エサは赤虫。小型のテナガエビが多いので、ハリはタナゴバリを使うとよい。

小もの釣りは東側のアシ周辺を1・5～2mの小ものザオにタナゴ仕掛けを使用して釣るとよい。エサはグルテンがよく、タナは40㎝くらいから釣り始めて、魚が寄ってくるとアタリも続くようになるはずだ。もしアタリが出なければ、タナを深く・浅く変えてみよう。クチボソ、モロコに混じって小ブナや小ゴイが混じって釣れてくるから面白い。

ホソも併せて楽しめる

伊佐沼には流れ込むホソや吐き出すホソが何本かある。沼南側には3本のホソがあり、小ブナ、小ゴイ、小ものが釣れるが、時には尺ブナも出るのでチェックしたい。北側のホソも小もの釣り場。

北側にある伊佐沼冒険の森にはフィールドアスレチックもあるのでファミリーでも楽しめるだろう。

●埼玉南部漁業協同組合
（TEL048・642・5706）。
遊漁料400円（1日券、現場徴収）。

ACCESS

クルマ

クルマが便利。関越自動車道・川越ICで降りR16を大宮方面に走り伊佐沼交差点を左折して伊佐沼へ。

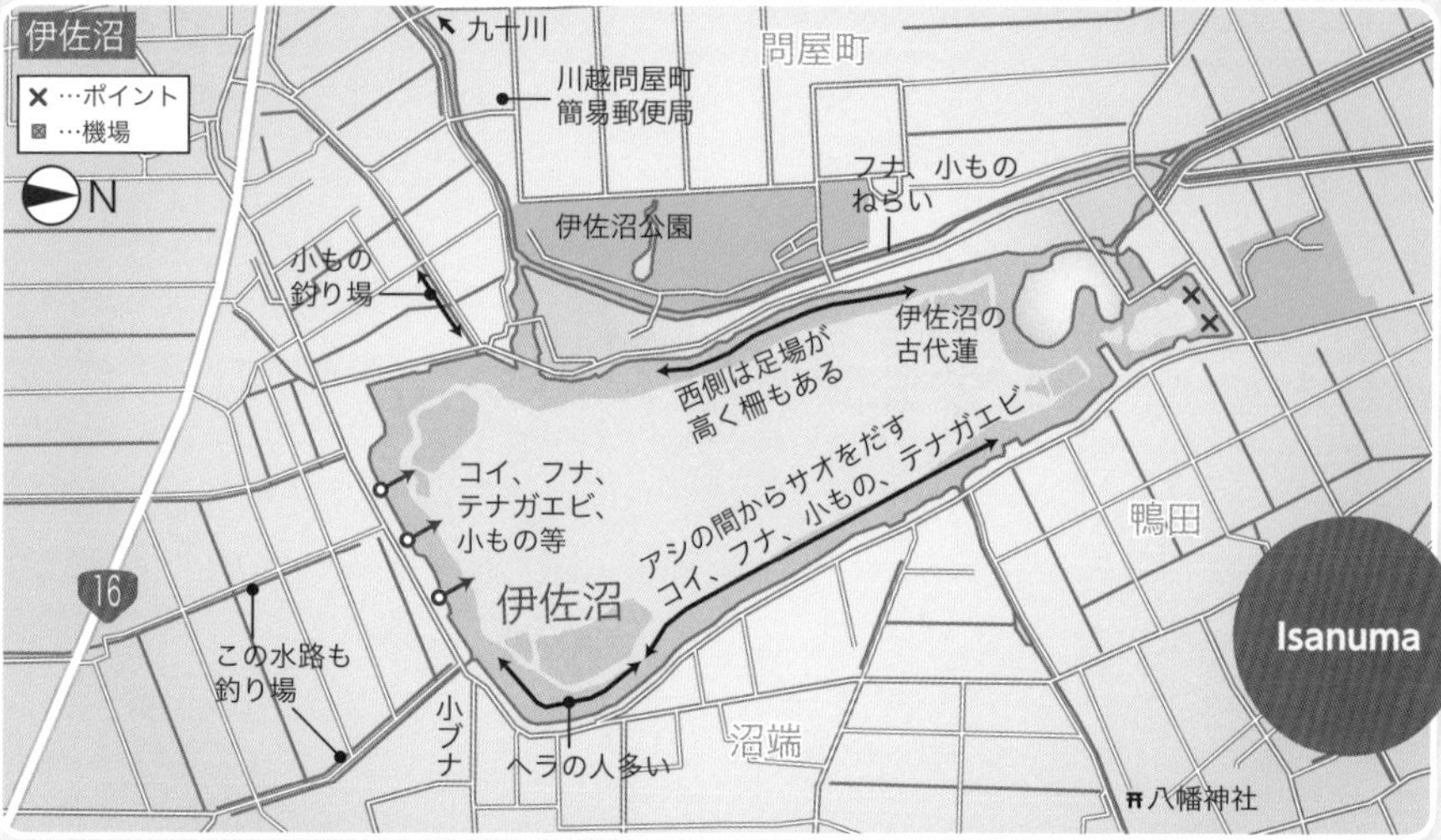
伊佐沼
✕…ポイント
…機場
N
九十川
川越問屋町
簡易郵便局
問屋町
フナ、小もの
ねらい
伊佐沼公園
小もの
釣り場
伊佐沼の
古代蓮
西側は足場が
高く柵もある
アシの間からサオをだす
コイ、フナ、小もの、テナガエビ
コイ、フナ、
テナガエビ、
小もの等
鴨田
16
伊佐沼
この水路も
釣り場
小ブナ
ヘラの人多い
沼端
八幡神社
Isanuma

南岸の風景

東岸側のポイント例

南岸側のホソ

テナガエビは
小型が多い

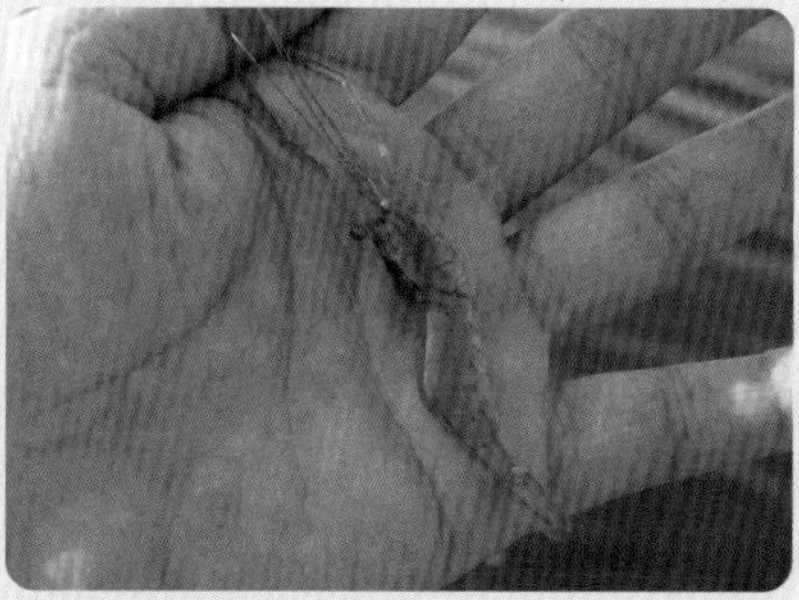

北岸の風景

東京都八王子市

浅川

ヤマベ

他の魚種
ウグイ

多摩川支流の浅川。毎年夏から秋にかけて、僕は足しげくヤマベの毛バリ釣りに通っている。浅川の魅力はポイントの多さ。その日の気分で、違う風景の流れでサオを振れる点が気に入っている。もちろん何度も通うくらいなので釣果もばっちりなのだ。

京王線長沼駅を出てすぐ架かっている橋が長沼橋。橋上流にある中央線鉄橋下～長沼橋の間がまずポイントでよい瀬が続いている。

長沼橋から平山城址公園駅近くの滝合橋まで釣り下ると半日のコース。とりわけ滝合橋上流の瀬はガンガンアタリが出る。

多彩なポイント、豊富な魚影

滝合橋から下流の平山橋間も好ポイント。数あるポイントの中でも一番安定しているのが高幡不動駅近くの高幡橋周辺。上流下流ともに良好な瀬が連続し、よい時は束（100尾）前後の好釣果が望める。

そのぶん釣り人も多いので、先行者がいる場合は違うポイントに入ろう。

高幡橋下流から新井橋、新井橋から多摩川合流点。特に新井橋下流一帯の瀬はいつも毛バリによく出てくれる。ここもタマヅメなどは入れ掛かりだ。

3・9mのヤマベザオもしくは渓流ザオに毛バリ仕掛けを結んだら、上流から下流に釣り下ろう。河原へ降りる前に土手の上から流れを眺め、どの流れをどのように流すかをイメージして降りるとよい。よさそうに見えた瀬で全く毛バリに反応がないことも多く、2～3回流して反応がなければどんどん下ること。毛バリに反応がよい流れを見つけることが数を釣るコツ。

水深10㎝くらいの瀬でも釣れる。このような流れには婚姻色のきれいなオスヤマベが多い。

川の状況にもよるが半日で30～50尾、一日で60～100尾が2019年までの釣果。2020年は漁協の人の話では、アユを含めて魚影が少ないとのこと。6、8月に2回釣行したが、いずれも半日釣りをして24～27尾と反応はイマイチであった。

年によって釣果のバラつきはある。これからも有望なヤマベ釣り場に変わりはない。

●多摩川漁業協同組合
（TEL042・361・3542）。
遊漁料500円（1日雑魚券）。

ACCESS

クルマ
中央自動車道・国立府中ICで降り、R20バイパス経由で高幡不動方面へ。新井橋、高幡橋近くにはコインパーキングあり。

電車
京王線高幡不動駅・平山城址公園駅・長沼駅の各駅下車。川まで徒歩5～10分。

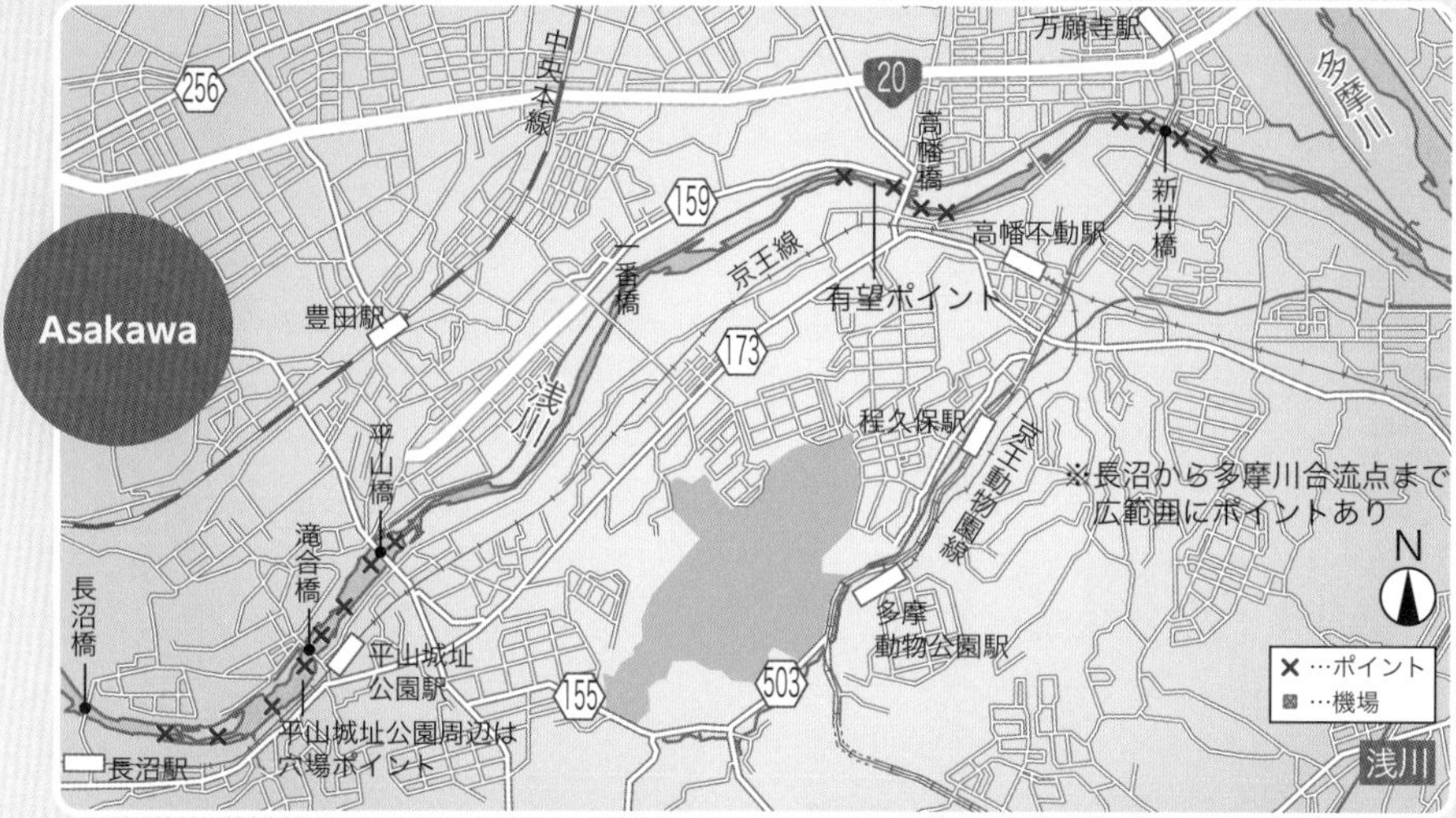
Asakawa
中央本線
256
20
万願寺駅
多摩川
高幡橋
新井橋
159
一番橋
京王線
高幡不動駅
有望ポイント
豊田駅
173
浅川
平山橋
程久保駅
京王動物園線
※長沼から多摩川合流点まで
広範囲にポイントあり
N
滝合橋
長沼橋
平山城址公園駅
多摩動物公園駅
503
155
×…ポイント
…機場
平山城址公園周辺は
穴場ポイント
長沼駅
浅川

長沼橋上流

平山橋上流

滝合橋下流

中央線鉄橋下流

きれいな婚姻色の
出たオスヤマベ

Column
2

せっかちにはテナガエビ釣りは不向き!?

赤虫エサの保存はティーバッグのお茶っ葉を利用すると便利

はっきりいってテナガエビ釣りは苦手なんです（笑）。何が苦手かというと、アタリが出てからテナガエビが住処に戻ってエサを食べるまでの移動している間の「間」が待てない。せっかちなんですよね。

アタリがきて、「まだかな？　まだかな？　そろそろいいかな？」と思ってサオを上げると、クンクンッとキックバックする小気味よい引きが伝わってくる。ところがやっぱりアワセが早くて、水面でスッといなくなってしまうことがよくあります。

だから、対策として2、3本サオを並べてわざと作業を多くすることで間をもたせています。僕は1本では絶対に無理です、待てません（笑）。でも2、3本サオをだして、上手くアタリが回転して入れ食いになった時の楽しさは本当にたまらない！

テナガエビ釣りはアタリからアワセまでの「間」がじれったい（笑）

だから、テナガエビ釣りは好きです。

ところでテナガエビ釣りのエサに使う赤虫の保存法ですが、濡らしたティーバッグのお茶っ葉にまぶして冷蔵庫に入れておくと2週間ほど持ちます。水分は少ないほうが赤虫が傷みにくいようです。使う時も赤虫がダンゴ状にならずほぐれているので取り出しやすい。ぜひ試してみてください。

秋の釣り場

空に透明感のある高さを
感じるようになる頃、
小もの釣りのターゲットは、
が然にぎやかさを増す。
清流のヤマベ、当歳の小ブナ、タナゴに
その他の小もの釣りも楽しい。

茨城県石岡市

八木干拓水路

小ブナ

他の魚種

マブナ・コイ・クチボソ・モロコ

霞ヶ浦・東浦の八木干拓水路は秋の小ブナ釣り場としてよく知られたところだ。ハス田の中を流れる水路で、小ブナの魚影が多く、日本の原風景を思わせるほれぼれとする景色の釣り場。この環境の中で釣りが出来ることは幸せである。

湖岸から少し奥に入るので静かな釣りが出来、集中していると自分も自然の中に融和した感覚を覚える。

八木干拓水路は流れのある釣り場。水路の水が排水されたり止まったりする。流れがある時は、基本的に対岸へチ寄りの緩やかな流れや、対岸に出来た反転流がよい。小ブナの溜まり場に当たるとバタバタッと釣れてくるはずだ。

都会の雑踏を忘れさせてくれるハス田の水路

排水し始めると流速がかなり出て、水がどんどん減っていく。慣れないと少し厄介かもしれないが、水の動きがあるということは魚の活性も上がると考えよう。

先に述べた以外のポイントは、排水パイプのほか、土管、橋の下、両岸のヘチ、水路に生えている草や水路に被さっているボサの周り。そして、流速によって底に起伏ができ、その起伏がポイントになるので上手く付き場を探り当てることが重要だ。基本的には少し小深くなっている場所となる。

タックルは2m前後の小ものザオに、ミチイト0・4号をサオいっぱいに取り、羽根ウキを10個通し、ガン玉5号でバランスを取った数珠シモリ仕掛け。ハリは袖1号もしくは秋田袖1号を使用。僕は常に上下バリの2本バリ仕掛けを使用している。上バリに魚が掛かると仕掛けが絡むことも多いが、2本バリの両方に釣れた時のうれしさはひとしおだ。エサは赤虫で胴をチョン掛けにする。

釣期は9〜10月がベストシーズン。状況にもよるが50〜100尾の釣果がねらえるはず。都会の雑踏を忘れさせてくれる小ブナ釣り場である。

小ブナのほか、良型のマブナも掛かるし、コイ、クチボソ、モロコも釣れる。

ACCESS

クルマ

常磐自動車道・千代田石岡ICで降り、R6を石岡方面に走る。貝地交差点を右折して県道118号石岡田伏土浦線に入る。常磐線の踏切を渡り、高浜中央三差路を右折して石川辺りから湖岸に入り八木を目差す。

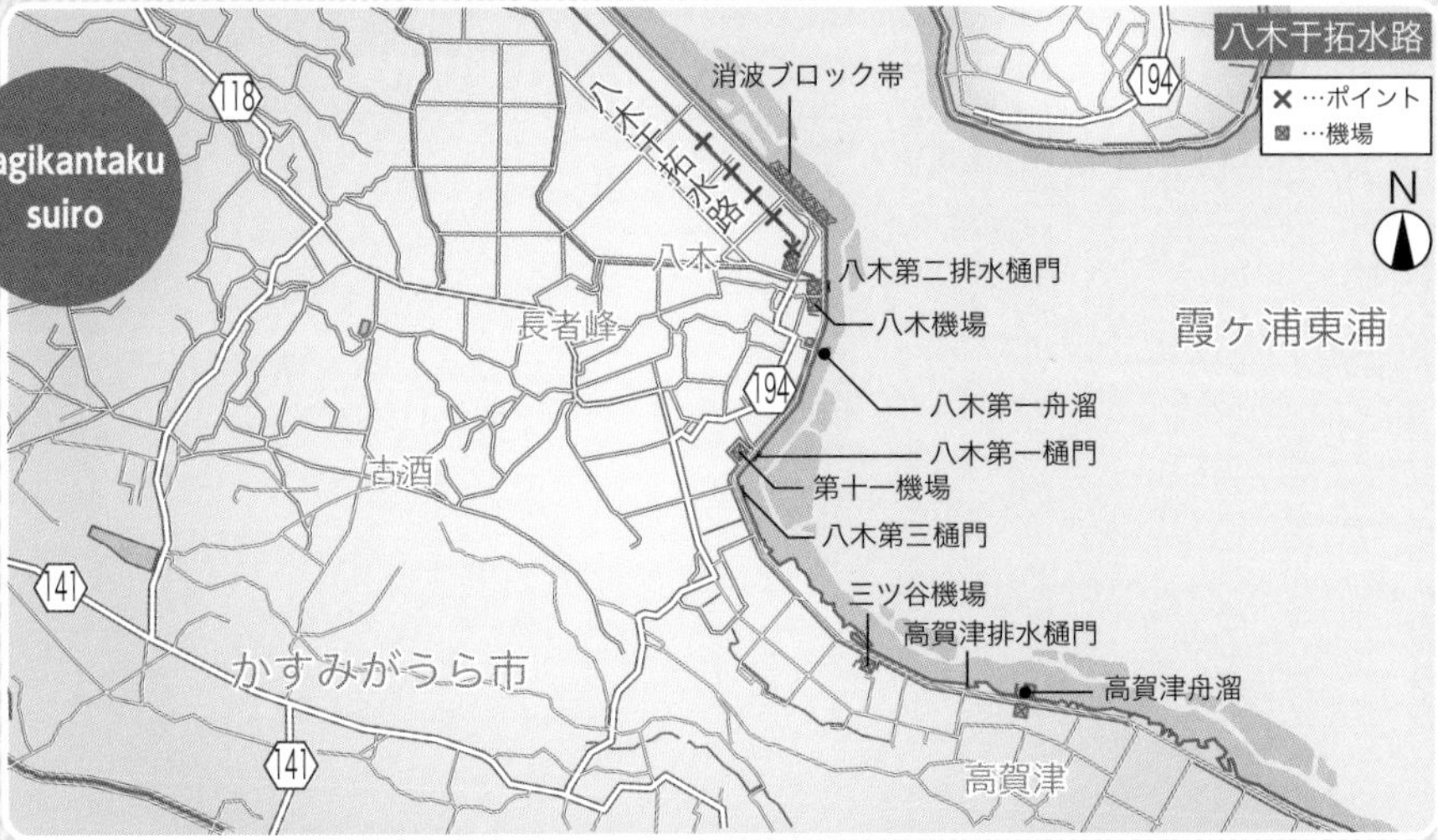
Yagikantaku suiro
八木干拓水路
✕…ポイント
…機場
N
118
194
141
消波ブロック帯
八木干拓水路
八木
長者峰
八木第二排水樋門
八木機場
霞ヶ浦東浦
八木第一舟溜
八木第一樋門
第十一機場
八木第三樋門
古酒
三ツ谷機場
高賀津排水樋門
高賀津舟溜
かすみがうら市
高賀津

ハス田を縫う水路が釣り場だ

外道との出会いも楽しい。写真はモツゴ

ポイント例＝小橋の下

ポイント例＝土管周り

釣果。条件次第で束（100尾）もねらえる

千葉県栄町

長門川酒直水門上流左岸のホソ

小ブナ

千葉県印西市と印旛郡栄町を流れる長門川。長門川にある酒直水門（本流は水門周辺500m釣り禁止）上流左岸の土手下に、幅1mほどの無名のホソが広く展開している。

田んぼが稼働している時は水量豊富であるが、秋になり田んぼも終了するとホソの水は落とされてしまう。

このホソは秋にいつでも釣れるというわけではないが、水量次第で楽しい小ブナ釣りが出来る。一部の縦ホソと印旛沼に続く土手下のホソが釣り場で、秋の早い時期や雨後の増水時がねらいめである。

足で小ブナを拾う探り釣り

ものすごくたくさん釣れるというホソではないが、足で小ブナを拾う探り釣りが楽しい。小ブナといっても時には15～20㎝級の中ブナも釣れてくるから驚かされる。

小ブナのほかにもカマツカ、小ゴイ、クチボソ、モロコと多彩な外道の顔ぶれがウキの動きを賑やかにしてくれる。

水深20～30㎝でもササニゴリであれば期待大。

2・1m小ものザオまたは小ブナザオに、羽根ウキを10個通した数珠シモリ仕掛け。ガン玉5号でバランスを取り、2本バリ使用。ハリは袖1号にエサの赤虫を胴の部分をチョン掛けにする。

直線的なホソは目立つポイントがないが、小橋の下やちょっとした変化のある場所をねらう。農道横の縦ホソは雑草が覆いかぶさっていて釣りにくいが、こうした場所はよく釣れる。

2019年10月19日、酒直水路の状況を確認した後、12時から14時までの2時間を左岸のホソで釣りをした。この日は台風後の影響でホソも増水していて、とりわけ縦ホソがよく当たり、10～20㎝級が15尾であった。そのほか外道はたくさん。

ほとんど知られていないホソだと思うので、上手くタイミングが合った時は小ブナを独り占めできるかも!?

ACCESS

クルマ

東関東自動車道・成田ICで降りR295を土屋方面に走り、土屋交差点を直進して県道18号成田安食バイパスに入る。道なりに直進して酒直水門へ。水門近くに駐車スペース数台あり。そこから釣り場までは徒歩で。

電車

ＪＲ成田線安食駅下車。南口に出て県道18号成田安食線を下総松崎方面へ。バス停・酒直ニュータウン入口付近の交差点を長門川方面に右折する。

Nagatogawa Sakanaosuimon zyouryu

安食
南部
酒直水門
上流250m、下流250m
の間は禁漁区
禁漁区
成田線
至下総松崎駅
18
酒直水路
稲刈りが終了すると
水路の水も減水するので
雨後などがねらいめ
酒直
長門川
N
×…ポイント
…機場
大竹干拓
印旛沼
長門川・酒直水門上流左岸のホソ

ホソ3態（上、右2点）。雑草が覆いかぶさっている場所もある

釣果。中ブナに近いサイズが釣れることも

外道のカマツカ

千葉県我孫子市

手賀川・関枠橋周辺

五目釣り

他の魚種
コイ

手賀沼の水を利根川に流す手賀川は、手賀沼水系だけに魚種豊富な釣りが楽しめる。

マブナ、ヘラブナ、コイ、タナゴ（オオタナゴを含む）、ヤマベ、クチボソ、モロコなどが釣りの対象だ。

手賀川の最下流に架かる関枠橋周辺は秋の五目釣りが楽しい。

2・4〜3・6mザオの立ちウキ仕掛けやヘラウキ仕掛けで、グルテンや赤虫エサでねらうと、マブナ、ヘラブナ、オオタナゴ、ヤマベ、クチボソ、モロコが釣れる。

圧倒的にクチボソ、モロコが入れ食いになるが、30㎝近いフナ等が掛かるとその強い引きに魅了される。また困るのだが50㎝級のコイも掛かる。

多彩な魚種がお出迎え

関枠橋周辺は板チョコ状護岸の場所が多い。橋下流で六軒川と弁天川（八間川）に分かれるが、水門周辺を中心にねらって釣るとよい。タナは底スレスレだ。秋も早いうちは短ザオでよいが、秋深くなる頃は長めのサオを使ったほうがいろいろな魚種が釣れるようだ。

とにかくクチボソ、モロコはいくらでも釣れる。

タナゴねらいなら、水面に草が被っているようなポイントを重点的に釣るとよいだろう。ヒラ打ちなどが見られたらじっくりと探りたい。サオは80㎝〜1mのタナゴザオに感度のよいタナゴ仕掛けを使用する。

ねらったポイントにグルテンを打っていくのだが、おそらくここでもクチボソ、モロコの猛攻があると思うが、あまりにそればかりの場合はポイントを変えたほうがよいだろう。

運よくタナゴが釣れたらラッキーくらいの気持ちでゆったり望みたい。

秋の一日を手賀川で、のんびり釣りイトを垂れてみるのも一興である。

なお、関枠橋の上流左岸にホソが3本あるが、少し水深がある場所は冬の小ブナポイント。ただし、機場周辺など立ち入り禁止場所もあるので、こうした場所には入らないように気をつけてほしい。

●手賀沼漁業協同組合（TEL0471・85・2424）。日釣り券500円。

ACCESS

クルマ

常磐自動車道・柏ICで降り、R16を千葉方面に走り、呼塚交差点を左折してR6に入る。直進し県道船橋我孫子線に入り、手賀大橋手前を左折して道なりに進む。布佐駅を越えた辺りを右折して関枠橋へ。

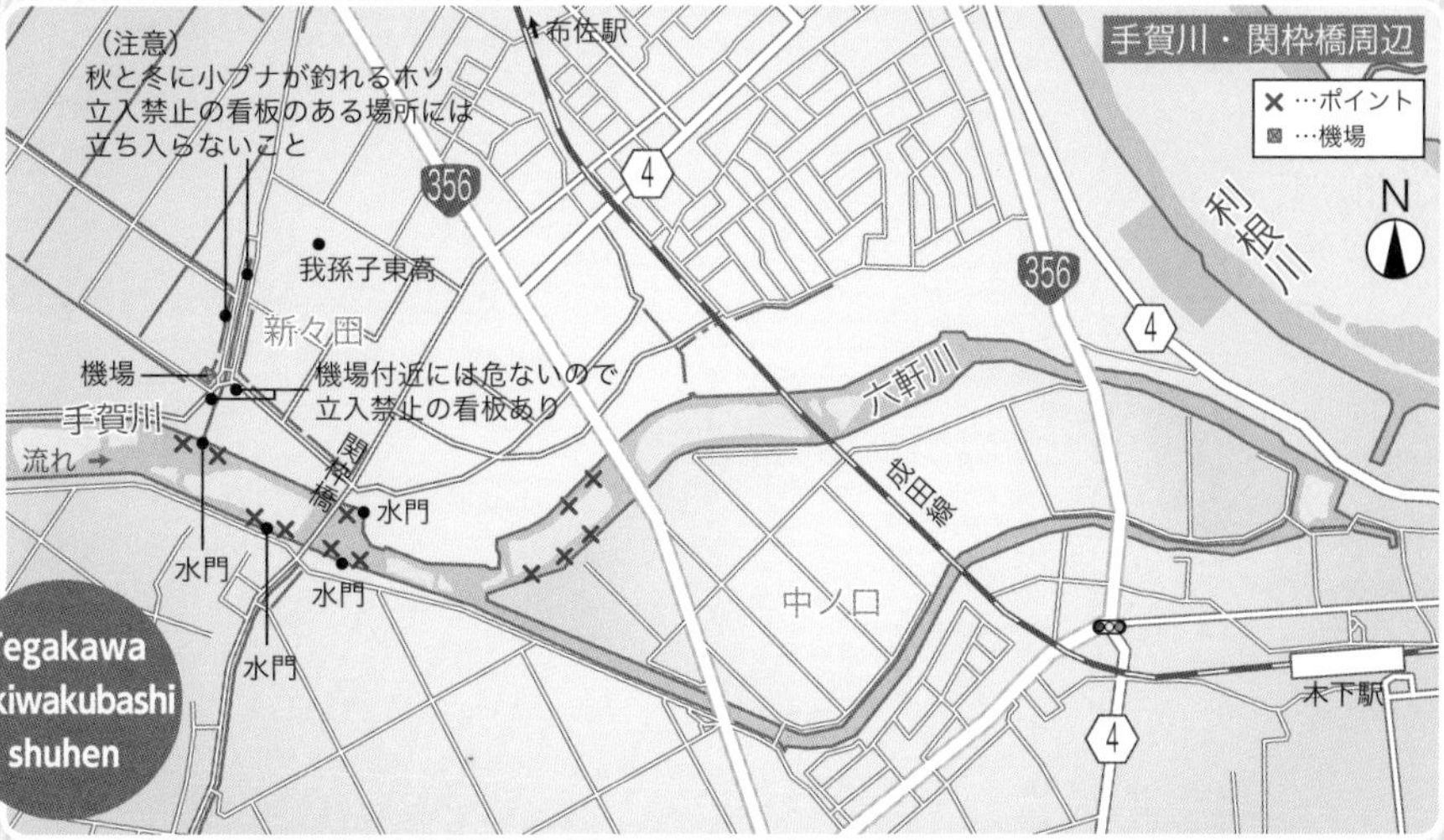
手賀川・関枠橋周辺
×…ポイント
…機場
N
（注意）
秋と冬に小ブナが釣れるホソ
立入禁止の看板のある場所には
立ち入らないこと
布佐駅
356
4
利根川
我孫子東高
新々田
機場
機場付近には危ないので
立入禁止の看板あり
手賀川
流れ
関枠橋
水門
六軒川
成田線
中ノ口
木下駅
Tegakawa
Sekiwakubashi
shuhen

関枠橋上流

モロコは入れ食いになる

六軒川から関枠橋を遠くに見る

関枠橋上流左岸のホソ

ホソで釣れた小ブナ

千葉県我孫子市

手賀沼公園

クチボソ、モロコ

他の魚種
ヘラブナ・マブナ・コイ

シーズン
8月下旬～11月下旬

千葉県我孫子市・我孫子駅を出て手賀沼方面に10分ほど歩くと、手賀沼湖畔にある手賀沼公園に出る。手賀沼公園はミニSLあり、芝生広場あり、児童遊具あり、湖畔にはボート乗り場ありとファミリーで楽しめる公園として多くの家族連れが訪れている。

手賀沼湖畔では小もの釣りが楽しめる。季節は暑さが過ぎ去った秋がよい。

下見をした2020年11月23日も、何組ものファミリーが小もの釣りを楽しんでいた。子供たちは魚が釣れる度に歓声を上げて大喜び。それがクチボソやモロコでも、子供たちには釣れることがうれしいのであって、魚が釣れる楽しさを知るという点でとても大切なことだと思う。

小もの入れ食いで知る釣りの楽しさ

僕の子供たちも、最初はたくさん釣れる小もの釣りから始めて釣りの楽しさを覚えた。今では釣りのジャンルこそ違うが、目論みどおり釣り好きになった。

手賀沼公園で釣りをしていた子供たちみんなが、大人になっても釣り好きであってくれたらと思う。

秋の手賀沼公園はクチボソ、モロコの小ものが、それはそれはよく釣れる。魚影もめちゃくちゃ多いので爆釣だ。公園先端の乱杭周辺が特によい。

1・5～2・1mの小ものザオに、小型の親ウキ＋糸ウキの組み合わせの連動シモリ仕掛けがよくアタリが分かる。ハリはタナゴバリ新半月、半月、流線等を使うとよく掛かる。

大切な点は浮力バランスで、ウキの浮力が強すぎるとアタリも出にくい。ウキの頭がわずかに水面から出る、もしくは水面下で止まるバランスに仕上げるとよくアタリが出る。

エサはグルテンが一番よいが、赤虫でも問題ない。グルテンを使うと、仕掛けを投入すると同時に小魚がわーっと寄ってくる集魚効果があり、ウキは動きっぱなしとなる。

赤虫の場合、集魚効果がないぶん、ややアタリの出方が遅いが、それでも食いはよいので問題なく釣れる。ウキ下は25～30㎝でOKだ。

公園に遊びに来た人がちょっと釣りをしてみようかなと思ってもらえたらうれしい。

●手賀沼漁業協同組合（TEL0471・85・2424）。日釣り券500円。

ACCESS

クルマ

常磐自動車道・柏ICで降りR16を柏方面に走り若葉交差点を左折。1つめの信号を右折して道なりに直進すると手賀沼公園に出る。駐車場あり。

電車

JR常磐線我孫子駅下車。徒歩約10分。

芝生の広場もある

公園内の沼だけに整備がしっかりされている

クチボソは簡単に入れ食いになる

ボート遊覧船、釣り舟乗り場付近

ミニＳＬなどファミリーで楽しめる設備も

千葉県松戸市

神明堀

小ブナ、タナゴ

他の魚種
クチボソ・モロコ・カマツカ

千葉県松戸市・坂川放水路と横六間川を結ぶ神明堀。幅４ｍほどのコンクリート水路であるが、水路の中にススキやアシが生えていて雰囲気はよい。

釣れる魚は小ブナが中心で、ほかにタナゴ、クチボソ、モロコ。タナゴは混じる程度で、１日の釣果の中で１〜３尾釣れてくることもある。

仕掛けは１・５〜２・１ｍの小ものザオ。小型の親ウキに糸ウキを組み合わせた下バリ１本式の繊細な連動シモリ仕掛け。ハリはテトロン糸付きの流線または新半月。オモリバランスは、仕掛け全体がゆっくり沈んでいく遅ジモリバランス。エサはグルテン。

水量の増減がキーポイント

機場の稼働なのか水量の増減が激しい釣り場で、水が引かれてしまうと一気に減水してしまうのが難点（水はまた増えてくる）。

水がある時は、ススキやアシのそばに仕掛けをそっと入れて、底周辺から底にかけてゆっくりエサが落ちていくイメージで釣る。オモリが着底してもすぐに動かさず少し待つことも必要。小ブナがエサを食ってくると沈んでいたウキが横に移動したり、浮き上がってきたりする。アワセは軽く仕掛けを引き上げる感じ。

グルテンの繊維が少しでも残っていれば小ブナは食ってくる。秋も深くなってくると、仕掛けを入れてもすぐにアタリが出ないことも多いので待ちも必要なのだ。

食いのいい時は、ウキが沈んでいく途中に止まったり、ツッと入ったりする。

減水している時は、排水口の下等の小深くなった場所がポイントになる。

ススキやアシの際をねらうので根掛かりも多い。予備のハリは多めに準備しておこう。

平均的な釣果は半日釣りをして小ブナ30〜40尾。クチボソ、モロコはたくさん釣れる。運がよければタナゴが混じる。

基本的にコンクリート護岸の上から釣ることになるが、横六間川合流点付近は水際が近くなる。

クセはあるが、攻略出来たらとても面白い釣り場だ。

ACCESS

クルマ
常磐自動車道・流山ICで降り、流山街道を松戸方面に走り主水新田交差点を左折してすぐ。駐車スペースは少ないので注意。

電車
JR常磐線馬橋駅下車。釣り場まで徒歩20分弱。

Shinmeibori
外河原
流山街道
神明堀
まこも池緑地
新松戸庭球場
三郷排水機場
5
坂川
旭町中
主水新田
江戸川
松戸馬橋高
横六間川
旭町小
N
×…ポイント
…機場
神明堀

横六間川合流点（減水時）

コンクリート水路だが
なかなか雰囲気はよい

タナゴもときどき混じる

ころりとした小ブナ

ちょっと珍しいところ
ではカマツカも

埼玉県三郷市

東大場川

小ブナ

他の魚種
クチボソ・モロコ・ハゼ・コイ・ヘラブナ・ナマズ（春）
シーズン
9月～10月
11 12 1 2 3 4 5 6 7 8 9 10

埼玉県三郷市を流れる大場川は、常磐自動車道三郷料金所付近で東大場川が合流する。

大場川はフェンス張りのコンクリート護岸がほとんど。そこで東大場川がおススメだ。大場川合流点から上流の水門までが主なポイントで、秋の小ブナ釣りが楽しめる。

東大場川も秋になると水量がグッと減って浅くなるのだが、9～10月はあちらこちらで小ブナがヒラ打ちをして土煙を上げている。

お兄ちゃんサイズの元気な引きを堪能

釣れる小ブナのサイズは10㎝級だから少しお兄ちゃんサイズで引きが強くて面白い。

合流点から水門方向に釣り上がって探っていくのがベストで、釣りは左岸側からになる。左岸の際が流心となっている場所が多く、流心からのカケアガリに小ブナが付いているケースが多い。

仕掛けは2・7ｍの小ものザオもしくはマブナザオに、羽根ウキ10個を通した数珠シモリ仕掛け。ハリは袖1号の2本バリ。

エサは赤虫を中心にグルテンを併用すると集魚効果も期待できる。

はじめは赤虫で探ってみるのがよく、赤虫で続かない場合はグルテンに切り替えてみる。

赤虫で釣っているとクチボソやモロコのほか、マハゼも釣れてくる。こんな上流でハゼが釣れるのかと驚かされる。

東大場川合流点の下流に水路の合流点が左岸側にあり、よさそうなポイントに見えるのだがコイとボラの溜まり場で小ブナは少ない。

また、秋だけでなく春にはマブナ、ヘラブナ、コイ、ナマズ等が水門目差して上っていく。春のタイミングは一瞬だ。

東大場川の秋は静かな釣り場でゆったりと楽しめる。

ACCESS

クルマ

常磐自動車道・三郷料金所スマート IC を降りてすぐ。

電車

JR 武蔵野線新三郷駅下車。東口に出て三郷料金所方向に歩き、大場川に架かる小谷堀橋を渡って上流へ。駅から徒歩 20 ～ 25 分。

Higashioobagawa

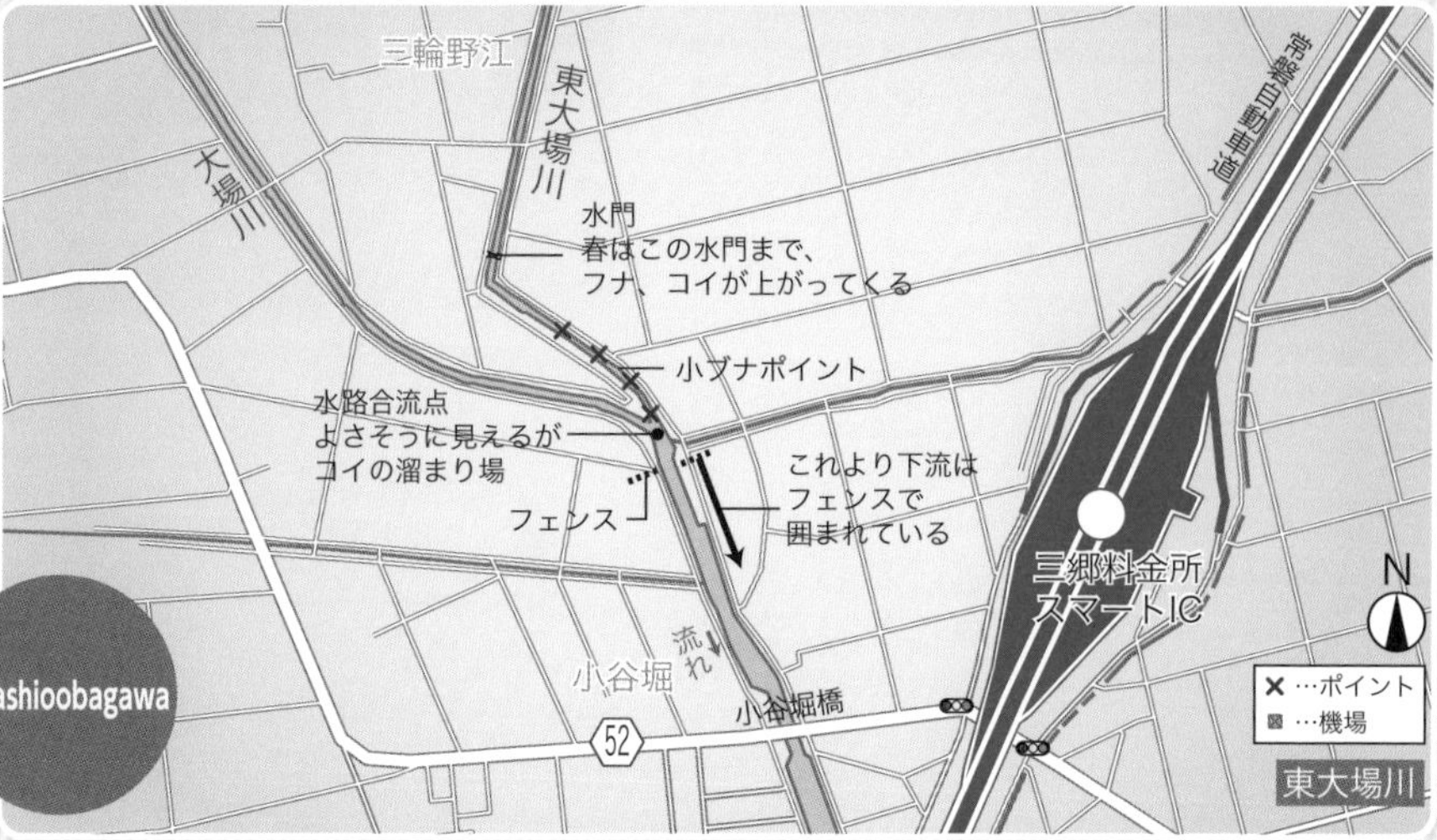
三輪野江
東大場川
大場川
常磐自動車道
水門
春はこの水門まで、
フナ、コイが上がってくる
小ブナポイント
水路合流点
よさそうに見えるが
コイの溜まり場
フェンス
これより下流は
フェンスで
囲まれている
三郷料金所
スマートIC
N
流れ
小谷堀
小谷堀橋
52
✕…ポイント
…機場
東大場川

東大場川。秋は減水した流れで小ブナがヒラ打ちをしている

東大場川から大場川との合流点を見る

水路合流点はコイの溜まり場

小ブナたちが遊んでくれた

なんとハゼも釣れた

千葉県旭市

新川（旭新川）

マブナ、ヘラブナ

他の魚種
コイ

千葉県旭市を流れる新川は、釣り人には旭新川と呼ばれる、外房を代表するフナ釣り場だ。ただ多くの人はヘラブナねらいで、僕のようなマブナファンはほとんど見かけない。

旭新川は駐車スペースが全くないといってもよく、常連さんのほとんどは自転車かバイク。このため魚影はめちゃくちゃ多いのに釣り人が少ない！　僕のような「釣り鉄」にはピッタリの釣り場だ。

秋のおススメポイントは干潟大橋下流から新高野橋までの間。常連さんは干潟大橋下流の明治川合流点周辺でサオをだしている。ここは水深があって皆ヘラブナ仕掛けでねらっている。

アクセスは不便だが魚影と型は太鼓判

しかし、明治川合流点上流、ＪＲ総武本線鉄橋下流、高野橋下流などは水深が浅いのだがフナは大群でいる！　鼻上げしているフナもいれば底を漁っているフナもいる（偏光グラスをしていると見える）。

水深30～50㎝と浅い場所ではあるが、たくさんのフナがいるのにねらわない手はない（ヘラ仕掛けの人は浅いのでねらわない）。

僕はこの浅場にいるフナをシモリ仕掛けで釣っている。3・6ｍ渓流ザオに、遅ジモリバランスの2本バリシモリ仕掛け。ハリは袖5号。エサは虫エサには反応が薄いのでグルテンを使う。そして、先ほど挙げたポイントで見えるフナをねらい撃ちにするのだ。

フナの群れにそっと仕掛けを振り込み待つと、だいたい一発で食ってくる。アタリはシモリウキ1つがツッと入る程度の小さな変化だが、これを取れればほぼ間違いなくヒットする。浅場ゆえ数尾釣ると場荒れするので、その時はポイントを移動すればよい。

最近の釣行では、2020年11月15日。午前中2時間、明治川合流点上流で33～36㎝のマブナ、ヘラブナを8尾。午後から高野橋下流に移動して30分で28～34㎝のマブナ、ヘラブナを4尾。合計12尾。

ここ数年、秋のお楽しみ釣り場として僕が足しげく通っている旭新川は本当に楽しい！　シモリウキ仕掛けの探りグルテンで良型のフナと対峙してほしい。

ACCESS

電車
JR総武本線干潟駅下車。R126を旭駅方面に約1.5km歩くと干潟大橋に出る。

干潟大橋
この辺りは浅い
明治川
明治川合流点は水深があり
ヘラブナファンで賑わっている
1級ポイント
126
・水深が40～50cmと浅く
シモリグルテンねらい向き
フナはたくさんいる
・偏光グラスで見ると
浅場にフナがたくさんいる
高野橋（こうやはし）
総武本線
干潟駅
新川（旭新川）
井戸野
豊畑小
新高野橋
105
104
泉川
N
✕…ポイント
▩…機場
豊畑郵便局
新川（旭新川）
104
Shinkawa
(Asahishinkawa)

干潟大橋から下流側を望む

JR 線鉄橋下流

明治川合流点のポイント

尺ブナ。秋は小ブナ釣りの季節だがここでは良型に会える

ヘラブナも尺上が出た

千葉県茂原市

赤目川&本納のホソ

小ブナ

他の魚種

コイ・ブラックバス・クチボソ・モロコ

千葉県茂原市法目《ほうめ》を流れる赤目川。幅4mほどの小河川だが昔から小ブナの魚影が非常に多く、外房を代表する秋の小ブナ釣り場だ。ポイントは赤目川本流と流入する本納のホソ。

●赤目川本流

超1級ポイントは本納のホソ合流点で流れの段差あり、反転流など、小ブナが集まる要素がたくさんある。水深は20〜60㎝で深場からカケアガリがポイント。小ブナだけでなく2020年秋は泣き尺（28㎝）も釣れた。

外房を代表する小ブナ釣り場の1つ

合流点に限らず小深い場所を探ると思わぬ大釣りとなることも。本流は10〜28㎝級で、ホソよりも釣れるサイズは一回り大きい。

●本納のホソ

幅2mほど、水が落ちるとチョロチョロのごく浅い水路になるが、田んぼにつながる土管周りは小深く、その周辺に小ブナが付いている1級ポイント。その他、対岸のボサの生え際や排水溝下なども小ブナのポイントだ。

また、雨が降り水位が少し上がると本流に落ちた小ブナがまた本納のホソに上がってくることもある。

本納のホソは5㎝級が中心で、右岸側から釣りをする。

タックルは、赤目川本流は3〜3・6mのマブナザオもしくは渓流ザオ。ミチイト1号に、ストッパー付きシモリウキ0号を5〜6個通してガン玉5号でバランスを取った2本バリ仕掛け。ハリは袖3〜4号。エサは赤虫の房掛け。

本納のホソは2mのマブナザオもしくは小ものザオ。ミチイト0・4号をサオいっぱいに取り、羽根ウキを10個通し、ガン玉5号でバランスを取った遅ジモリ仕掛け。ハリは袖1号の上バリと下バリの2本バリ仕掛けが有効だ。エサは赤虫のチョン掛け。

2020年10月4日、本納のホソで2時間釣り小ブナ52尾。その後、赤目川本流を釣り10〜28㎝を28尾。

外道はコイ、ブラックバス、クチボソ、モロコ。

ACCESS

クルマ

千葉東金道路・東金ICから圏央道を茂原方面に進み茂原北ICで降り、県道21号を左折。直進してR128を左折。直進すると橘橋。

電車

ＪＲ外房線本納駅下車。線路脇の道を永田方面に歩き、本納中の先を右折して線路を渡り直進すると本納のホソ。ホソを左折すると赤目川に出る。

Akamegawa & Honnou no hoso
高田
至永田駅
穴場ポイント
本納のホソ合流点は
1級ポイント
128
外房線
法目
橘橋
赤目川
法福寺
本納のホソ
本納中
N
本納駅
✕…ポイント
…機場
226
上流は浅く
ポイント少ない
赤目川 & 本納のホソ

ホソとの合流点を探る

赤目川の泣き尺

本納のホソ

本納のホソの釣果

千葉県市原市

養老渓谷（養老川）

ヤマベ

他の魚種
ウグイ

シーズン
9月上旬～10月中旬

房総半島のほぼ真ん中を流れる養老川。上流の養老渓谷はハイキングやキャンプに温泉と人気のスポットである。

養老渓谷の楽しみはヤマベ釣り！　大自然に囲まれた川で釣りイトを垂らす楽しみは格別だ。

夏から秋が釣りやすいのだが、夏は水遊び等も多く、静かに釣りを楽しめる10月がベストと考える。

養老川は谷が深い場所が多いが、養老渓谷温泉郷の観音橋（赤い橋）上流は容易に川に降りられる。この付近がよいポイントなのだ。

浅いトロ瀬にビッグサイズが群れている

養老渓谷は、流れが速い瀬もあるが、ねらうのはトロ瀬がいい。観音橋の上流は水深20～30㎝のトロ瀬が続き、15㎝級のヤマベが群れていてヒラ打ちも見える。

このような水深の浅いトロ瀬は、オモリを付けないフカセ釣りでねらうとよい。また、長めのサオでポイントから離れて釣ること。ウキ下は水深の１・５～２倍とることがキモだ。

４・５ｍヤマベザオもしくは渓流ザオに、ミチイト０・４号をサオいっぱいに取り木製玉ウキ（飛ばしウキ）を通して、アタリウキの山吹ウキを２個付ける。ハリは袖３・５号または４号。ミチイトとハリスの接続は極小丸カンを使うとよい。エサはサシ。

通常、フカセ釣りは木製玉ウキ1個のシンプルなものだが、その下にアタリを取る山吹ウキを2個付けることで、山吹ウキがクックッと引き込まれたり、反転して引き込まれたりと明確なアタリとして出る。

２０１８年10月21日、観音橋上流を９時から13時まで釣り10～15㎝のヤマベ60尾にウグイ６尾の計66尾。

養老渓谷の楽しさはヤマベがよく釣れるだけでなく、里山、渓谷に沿ってガタゴト走るローカル線は１９６１年から１９７７年に製造された気動車（ディーゼル車）で、「釣り鉄」にはたまらなく魅力的。里山の風景、温泉、養老渓谷駅には足湯もある。

都心から2時間ほどのノスタルジックな里山の釣りと旅に出かけてみませんか？

●養老川漁業協同組合（ＴＥＬ０４３６・９６・０７６５）。遊漁料６６０円（雑魚）。

ACCESS

クルマ
圏央道・木更津東 IC で降り R410 を上総中野方面に走り久留里で県道 32 号大多喜君津線に入り養老渓谷へ。

電車
小湊鉄道養老渓谷駅下車。養老渓谷まで徒歩 20 分。

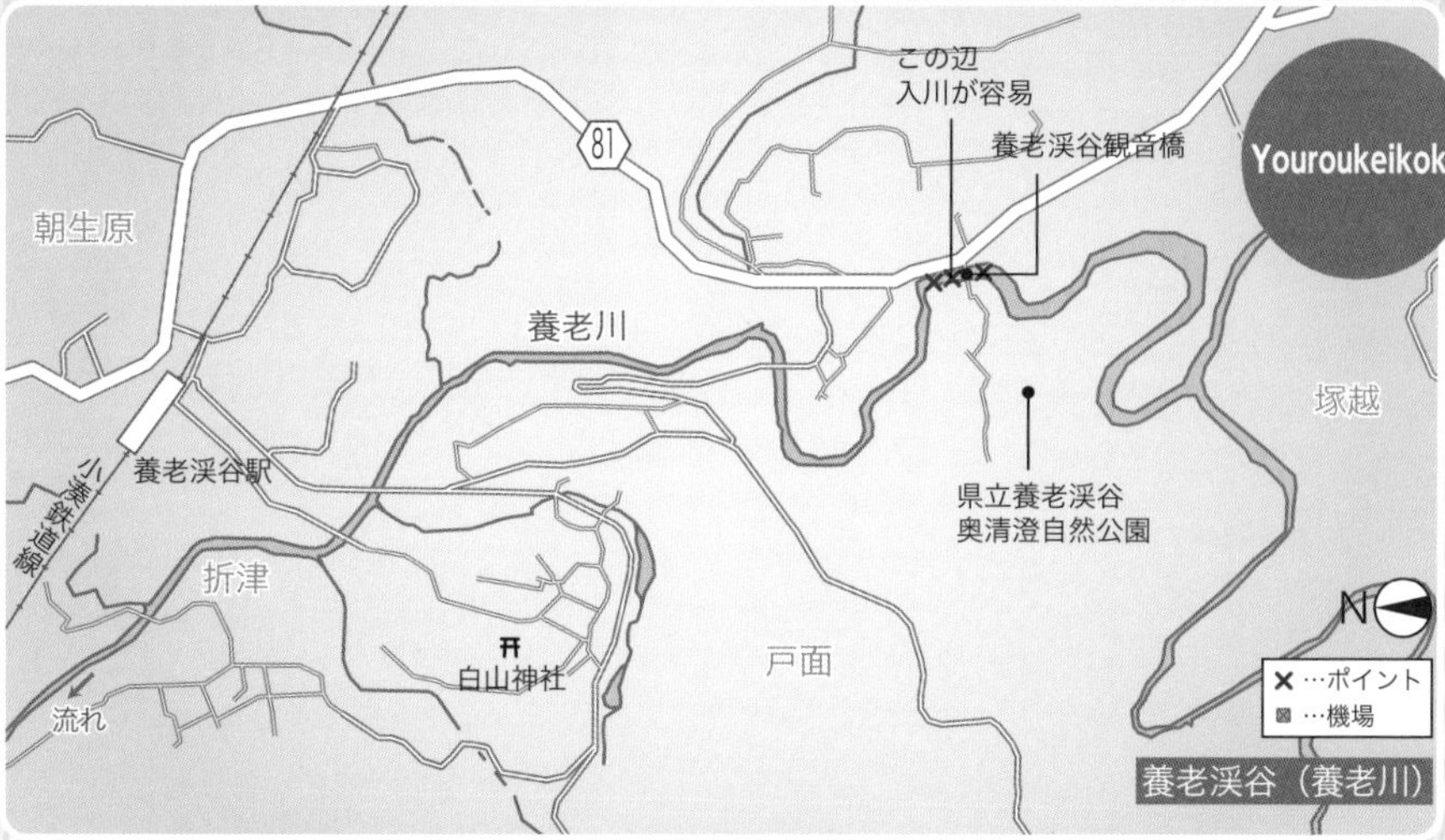
この辺
入川が容易
養老渓谷観音橋
Youroukeikoku
81
朝生原
養老川
塚越
養老渓谷駅
小湊鉄道線
県立養老渓谷
奥清澄自然公園
折津
白山神社
戸面
流れ
N
✕…ポイント
…機場
養老渓谷（養老川）

養老渓谷の流れ

ノスタルジックな電車釣行もおススメ

養老渓谷駅には
足湯もある

ビッグサイズのヤマベが
群れている

これは外道のウグイ

埼玉県越谷市

末田用水

小ブナ

他の魚種
クチボソ・モロコ

往年の名所はまだまだ健在

元荒川の末田須賀堰上流から取水して綾瀬川に至るまでの田んぼに水を届けている末田用水。以前は好ポイントが随所にあって秋の小ブナ釣りの名所であった。

護岸工事でかつての面影が残る場所はわずかになってしまい、昔の釣り場になってしまったかなと思っていたのだが、まだまだ小ブナ釣り場として健在だ。

ポイントは県民福祉村下流の県道324号と平行に流れる場所から、武蔵野線高架下流の新川橋辺りまで。このエリアは以前から末田用水の1級ポイント。用水の幅も3mほどと短ザオでねらえるので釣りやすい。

対岸の雑草の際、底に沈んでいる障害物周り、用水に架かる橋の下流、クランクなどがねらう場所の目安。浅いところでは小ブナがヒラを打つ姿も確認出来る。

仕掛けは2・1mの小ものザオに、小型親ウキ+糸ウキを組み合わせた連動シモリ仕掛け。ウキがゆっくりと沈んでいく遅ジモリバランスに整える。ハリはタナゴバリの流線、新半月。小ブナのサイズが大きくてバレてしまうようならば、袖1号に変えてみる。

エサは赤虫とグルテンを併用するとよい。

ヒラ打ちが見える場所ではグルテンから始めて小ブナを集めるとよく、ポイントを探る場合はエサへの反応が早い赤虫から始め、小ブナが釣れたらグルテンを打って集魚する戦略をとる。ただし、赤虫の場合はクチボソやモロコの猛攻を受ける場所もあるので、あまり外道がうるさい場合は小ブナのポイントではないと判断したほうがよいだろう。

釣れる小ブナのサイズは5～10㎝。釣果は半日釣りして10～20尾前後。まだまだ昔の釣り場とはいわせない。

ACCESS

クルマ

東京方面よりR4を越谷方面に走り大間野交差点を左折。左側に流れるのが末田用水（新川）で上流の武蔵野線高架を目標にするとよい。

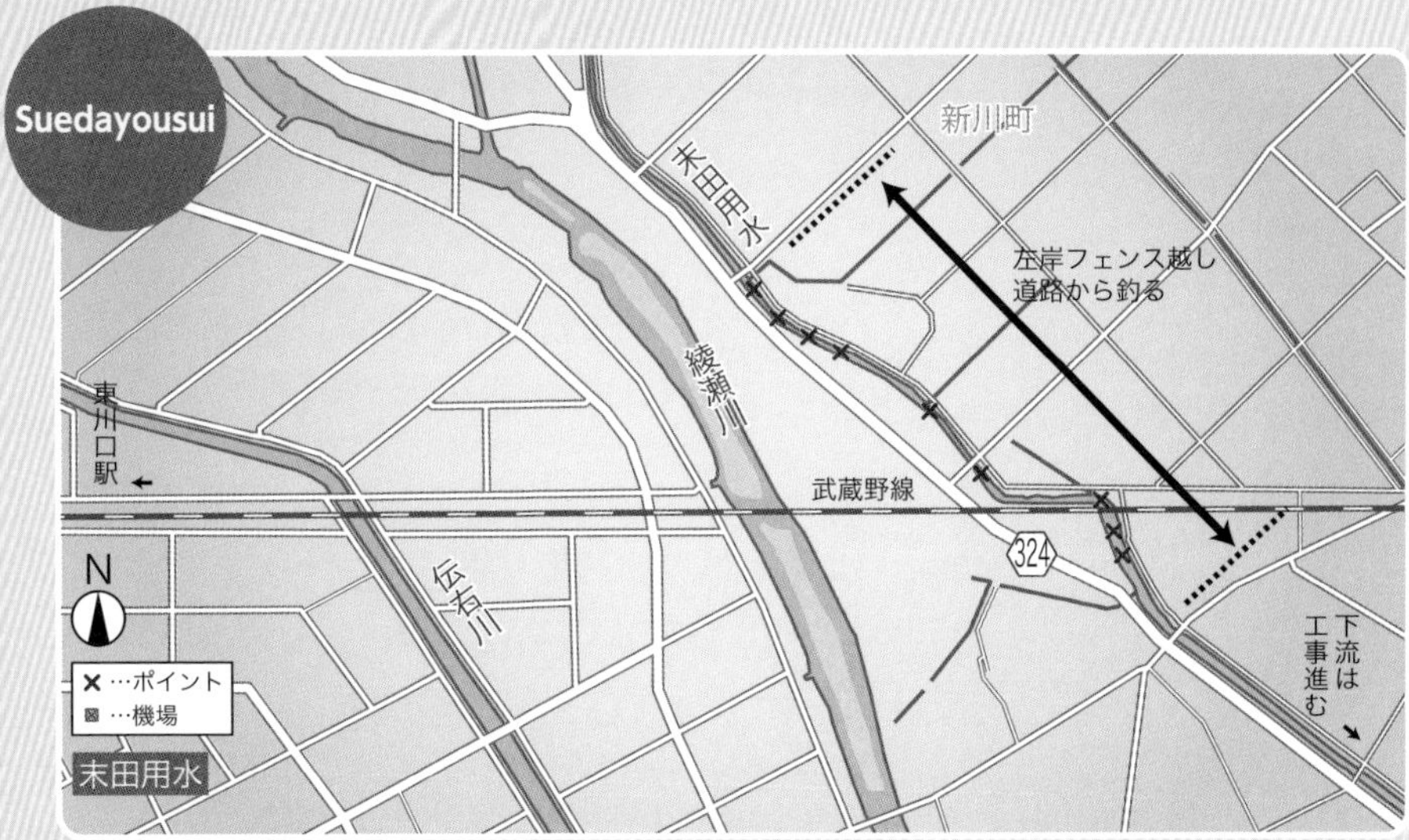
Suedayousui
新川町
末田用水
左岸フェンス越し
道路から釣る
綾瀬川
東川口駅
武蔵野線
324
伝右川
N
下流は工事進む
×…ポイント
…機場
末田用水

護岸された流れでも
フナたちは健在

武蔵野線鉄橋下

武蔵野線鉄橋下流の流れ

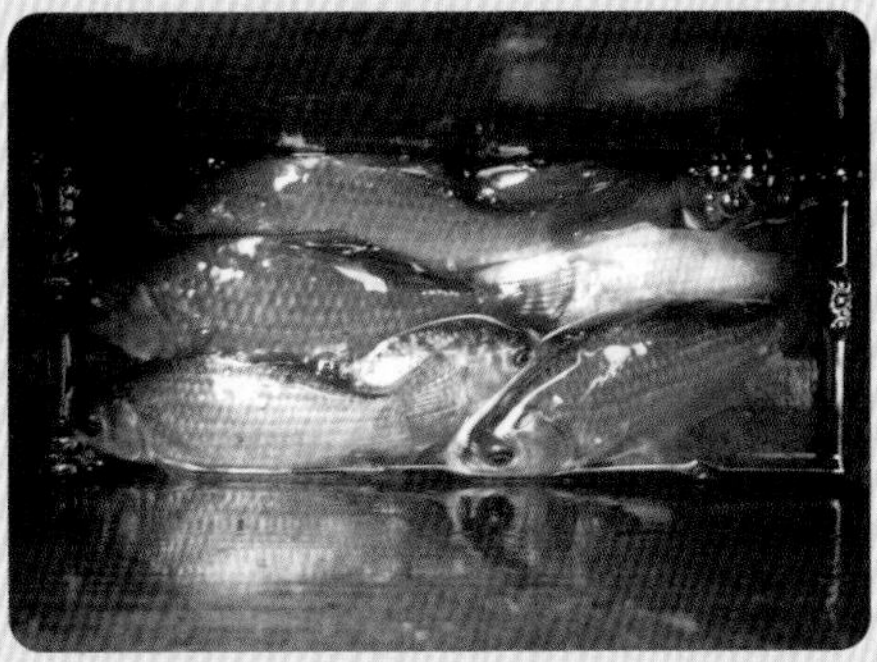

取材日の釣果

埼玉県越谷市

出羽堀周辺のホソ

小ブナ

埼玉県越谷市を流れる出羽堀は、末田用水の三ッ又堰から枝分かれした幅2mほどの水路。三ッ又堰から出羽小までが釣り場であったが、出羽小付近は近年の河川工事で雰囲気ががらりと変わり、楽しい釣りが出来なくなった。

西部配水場より下流左岸側には幅1mほどのホソがたくさんある。現在はこのホソ群がねらいだ。

農繁期は水が満たされていたホソも秋の刈り入れが終わって農閑期に入ると、その役目が終了して水が落とされる。

水深20㎝あれば探る価値あり

完全に水が落ちてなくなってしまうホソもあれば、残っているホソもある。これは常に同じ場所とは限らず、状況によって異なる。

水深の目安であるが、20㎝もあれば仕掛けを入れてみる価値はある。基本的に探り歩くことが前提で、落水によって小ブナが集まっている場所を運よく見つけられれば、入れ食いに遭遇できる。

仕掛けは小ものザオ2・1m、ミチイト0・4号をサオいっぱいに取り、羽根ウキを10個付けた数珠シモリ仕掛け。上バリと下バリの2本バリにする。オモリバランスはガン玉5号でゆっくりと沈んでいく遅ジモリバランス。ハリは袖1号を中心に、タナゴバリの新半月を持っていると万全だ。エサは赤虫。

9〜10月がベストシーズンで、例年半日釣り歩いて20〜40尾の小ブナが釣れる。

釣れる小ブナのサイズは4〜10㎝で外道に小ゴイ、クチボソ、モロコが混じる。

めちゃくちゃ釣れるというわけではないが、小ブナの溜まり場を見つけるのが楽しく、探り甲斐がある。長年通っていても年に一度は行きたくなる、飽きのこない釣り場である。

ACCESS

クルマ
東京方面より R4 バイパスを越谷方面に走り、七左町二丁目交差点を左折して出羽小へ。

電車
東武スカイツリーライン伊勢崎線・越谷駅下車。県民健康福祉村行バスで終点下車。

西部配水場
県民健康
福祉村
老人福祉センター
けやき荘
介護老人保健施設
とまりや
越谷総合
技術高
左岸側の
ホソが有望
小ブナがいるホソ
いないホソがあるので
足で探り歩く
流れ
出羽堀
4
谷中
出羽小
七左町
二丁目
N
×…ポイント
…機場
出羽堀周辺のホソ
Dewabori
shuuhen no
hoso

さまざまなホソを探り歩いて小ブナの溜まり場を見つけよう

4～10cmの小ブナたちが遊んでくれる

埼玉県岩槻市

黒谷落し左岸のホソ

小ブナ

他の魚種
クチボソ・モロコ・小ゴイ

埼玉県岩槻市を流れ綾瀬川に合流する黒谷落し。

黒谷落しの左岸側、岩槻市尾ヶ崎・釣上《かぎあげ》地区は、田んぼと宅地が広がっている。その道路脇のあちらこちらにある幅50㎝ほどのホソは、毎年秋になると小ブナを求めて足しげく通う、僕のとっておきの釣り場の1つ。

ホソの状況は年によって違い、毎年同じ場所がよく釣れるというわけではない。だから面白くて、まるで宝捜しをしているような気分で釣りを楽しんでいる。小ブナの魚影はとても多いが、捜し当てた時はしてやったりの気分だ。

遅ジモリバランスの仕掛けで探り歩く

釣期は8月下旬〜10月上旬。基本的に、田んぼが終わるとホソの水はガクンと減る。水深の浅い場所を右往左往する小ブナを確認出来ることもあるだろう。

少し小深くなった場所や小橋の陰、ホソにかかった雑草の下に小ブナが溜まる。また、雨後の増水時もチャンスだ。その時々の好ポイントを足で捜し当ててもらいたい。

仕掛けは2・1mの小ものザオもしくは小ブナザオに、羽根ウキ10個を通した2本バリの数珠シモリ仕掛け。ガン玉5号で遅ジモリバランスに仕上げる。エサは赤虫。

平均的な釣果は半日で30〜40尾。2018年9月24日は宝の山を見つけることが出来て、9〜12時の3時間で小ブナ74尾と、とても楽しい釣りを堪能できた。

小ブナは5〜10㎝が中心だが、時には20㎝級も釣れることもあるので驚かされる。

この時期の小ブナは仕掛けを投入して馴染んですぐにアタリが出る。アタリが遠いか、ない場所での長居は無用で、ポンポンと釣れる場所を見つけてほしい。

黒谷落し左岸のホソの小ブナ釣りは楽しいですよ〜。

外道はクチボソ、モロコ、小ゴイ。

ACCESS

クルマ

R4を東京方面より越谷方面に走り、神明町（北）交差点を左折してR463に入る。釣上交差点を右折して尾ケ崎方面へ。駐車スペースは少ないので注意。

電車

埼玉高速鉄道浦和美園駅下車。R463越谷浦和バイパスを越谷方面に歩き、釣上交差点を左折して尾ケ崎方面へ。

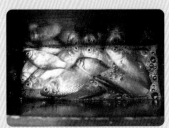

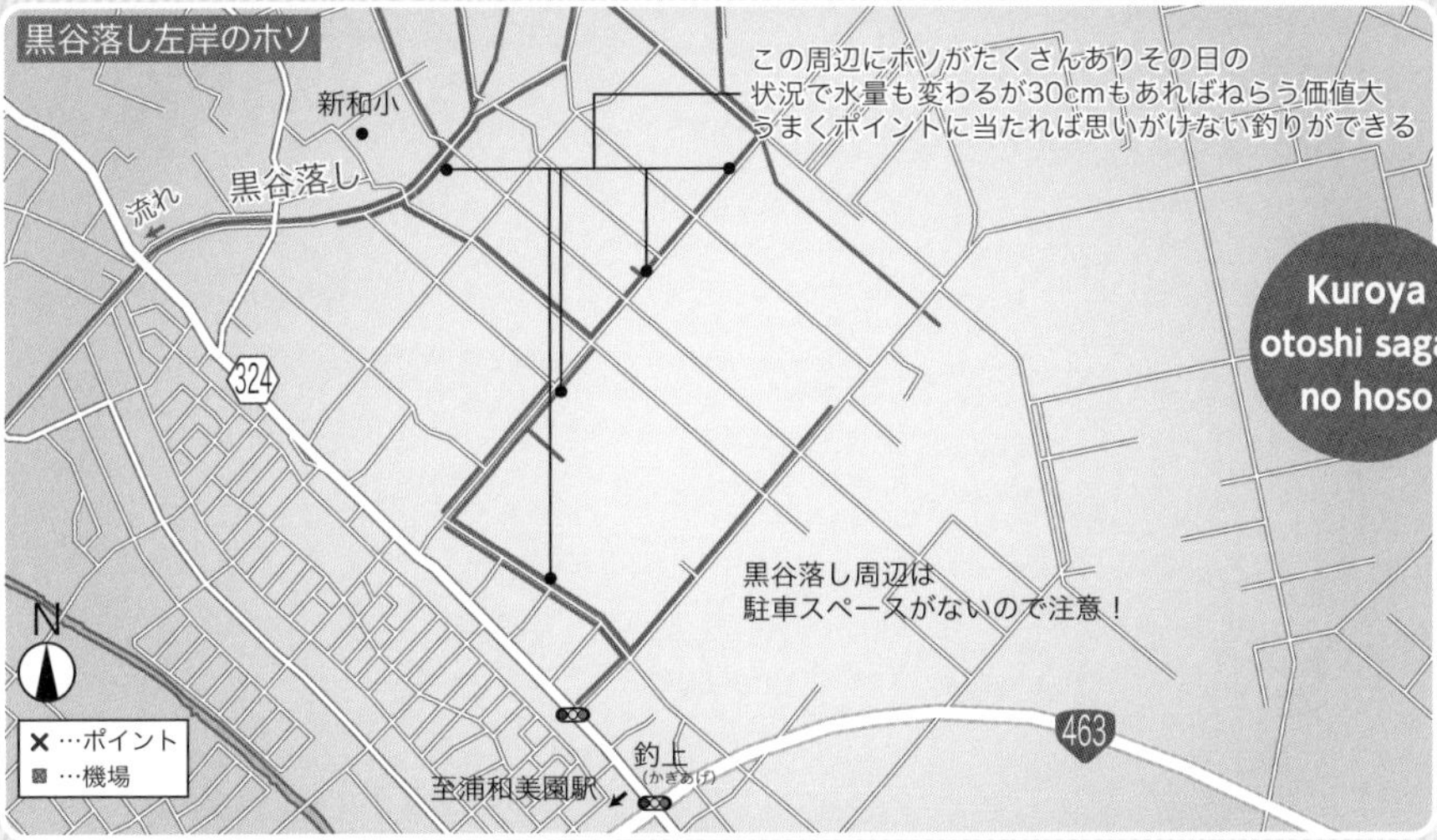
黒谷落し左岸のホソ
この周辺にホソがたくさんありその日の
状況で水量も変わるが30cmもあればねらう価値大
うまくポイントに当たれば思いがけない釣りができる
新和小
黒谷落し
流れ
324
Kuroya
otoshi sagan
no hoso
黒谷落し周辺は
駐車スペースがないので注意！
N
✕…ポイント
…機場
463
釣上（かぎあげ）
至浦和美園駅

黒谷落し左岸のホソ群。小ブナが群れる宝の山を捜し求めて釣り歩こう

小ブナは5～10cm が多い

埼玉県蓮田市

西城沼公園

タナゴ、クチボソ、モコロ

埼玉県蓮田市にある西城沼《にしじょう》公園。アスレチック広場、芝生広場、じゃぶじゃぶ川等があり、家族連れで賑わっている公園だ。

公園内にはこぢんまりとした池があり、ヘラブナや、タナゴなど小ものねらいの釣り人で大変賑わっている。

僕が子育てをしている時期もそうだったが、公園の池で釣りが出来るのはとてもありがたいことだった。一緒に釣りが出来るのはもちろん、ほかの遊びも同じ場所で楽しめることが最大の魅力。ずいぶんいろいろな公園の池で釣りをしたなあ……。

ファミリーに超おススメの小もの釣り場

西城沼公園は、タナゴ釣りが楽しめるので人気だ。ウッドデッキ右側と橋の上は釣り禁止だが（釣り禁止の看板あり）、池の大部分は釣り場として開放されている。

橋付近にはスイレンが群生しており、その隙間を釣るとよいだろう。よく観察していると、水中でキラッキラッとヒラを打つ姿が見られるかもしれない。

タックルはタナゴザオまたは小ものザオ80㎝～1mに、感度のよいタナゴウキ＋糸ウキを組み合わせた連動シモリ仕掛け。これを水面下で止まるゼロバランスに仕上げておく。ハリはがまかつ・極タナゴ、ささめ針・新虹鱗タナゴを使用。エサはグルテン。

仕掛けを入れられそうな隙間を見つけたらエサを打っていくのだが、ウキ下30㎝ほどから始めるとよいだろう。タナゴのほか、クチボソ、モロコもずいぶんいるのでアタリは比較的早く出るはずだ。

アタリが出ないようなら少しウキ下を深くしてみる。逆に馴染む前から動く場合はウキ下を浅くして、釣れるタナを調節していく。

釣れるタナゴのサイズは5～6㎝が中心で、20～30尾といったところ。公園の池でこれだけ釣れたら楽しい！

なお、リール・ルアー等の投げ釣りは禁止となっている。

ACCESS

クルマ

東北自動車道・岩槻ICで降りR122を蓮田方面へ。関山北交差点を右折してさいたま栗橋線に入り城交差点を右折してすぐが西城沼公園。

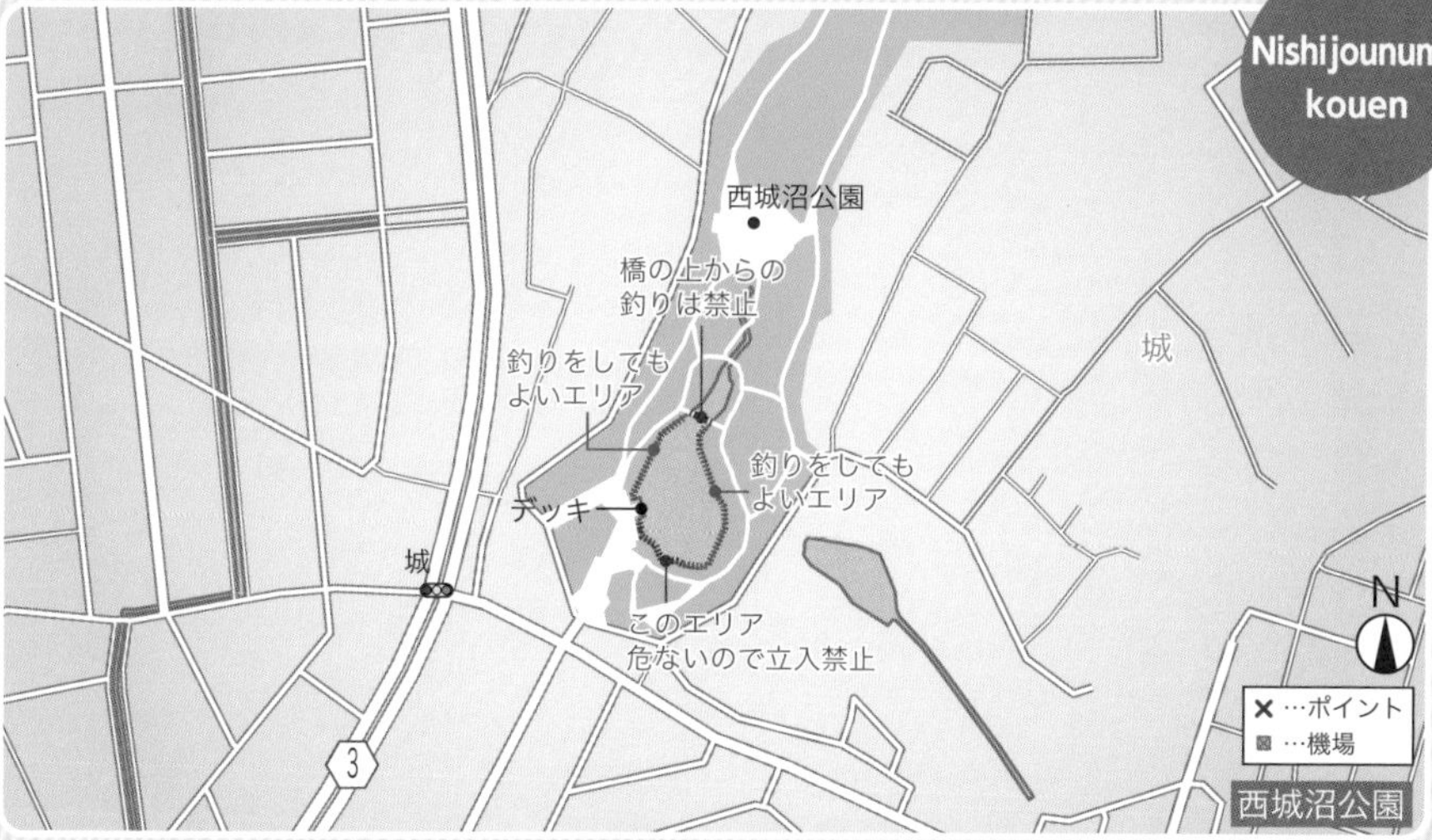

釣り場全景

スイレンの葉の隙間を見
つけて仕掛けを入れよう

釣りができる場所が分かりやすく
記されている

タナゴが釣れるのも人気の理由

埼玉県川越市

古谷本郷・久下戸のホソ

小ブナ

埼玉県川越市古谷《ふるや》本郷および久下戸《くげど》は田園地帯が広がり、田んぼに水を引く用水路や、水を落とす排水路がたくさんある。

収穫の秋。稲が刈られて用排水路がその役目を終えると、水が落とされて水量がガクンと減る。落水の流れに乗り、小ブナたちはちょっとした溜まりに集まる。

釣り場は、農道脇を流れる護岸されたホソや素堀風のホソである。ほとんどが水深10～20㎝でチョロチョロの流れに思われるだろう。しかし、よく見ると小ブナがたくさんいるはずだ。

タイミングで束釣りも可能

●古谷本郷のホソ

農道の脇を流れる素堀風のホソでチョロチョロの流れだが、ホソに架かる小橋周辺はわずかに小深い。加えて橋の下が小ブナが溜まる隠れ家ポイントになっている。

ホソをまたぐ水路の下もよい。上から水が排水されて小深くなり、小ブナが溜まる。ホソ上流のクランクも好ポイント。

2016年11月3日は、小ブナ302尾と爆釣だった。

●久下戸のホソ

田んぼの中を流れる素堀風のホソで、1本立っている木が目印。通常は浅くて釣りにならないことが多いが小ブナの魚影は非常に多く、雨後の増水時がねらいめ。水深20㎝強あれば釣りになる。僕が大好きなポイントで、例年半日探り釣りをして束釣り（100尾）出来る。

素堀風ホソの隣のコンクリート水路もポイントは少ないが小ブナが多い釣り場。

水深が浅いので、数珠シモリ仕掛けの探り釣りスタイルでねらうとよい。

サオは2m前後の小ブナザオもしくは小ものザオ。ミチイト0・4号をサオいっぱいに取り、羽根ウキを10個付ける。オモリバランスはガン玉5号で取る。ハリは袖1号またはタナゴバリ新半月、ハリス0・4号5㎝。上バリと下バリの2本バリ仕掛けが有効だ。

エサは赤虫のチョン掛け。

2019年頃より釣り人が増えてきて人気釣り場となってきた。このような釣り場は、早いもの勝ちである。外道はクチボソ、モロコ、小ゴイ、ドジョウ。

ACCESS

電車

JR川越線南古谷駅下車。線路脇の道に出て入間川方面に歩いて古谷本郷・久下戸方面へ。

川越線
南古谷駅
幹線排水路
流れ
荒川
Furuyahongou•
Kugedo no
hoso
古谷本郷のホソ
素掘風の水路
雰囲気がよい
浅いが小ブナの魚影は
すごく多い
小橋の両サイド
クランク
水路の上をまたぐ
水路周辺がポイント
湯木町
久下戸
久下戸のホソ
小屋
コンクリートの水路
113
川越東高
久下戸
N
×…ポイント
…機場
古谷本郷・久下戸のホソ

古谷本郷のホソ

久下戸のレギュラーサイズ

久下戸のホソ。写真中央の立ち木が目印

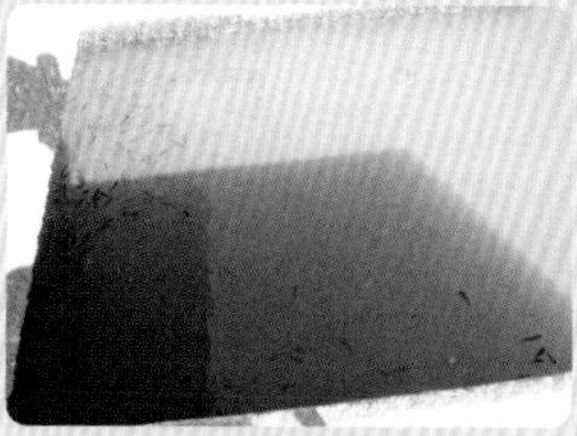
浮いているフナも見られる

埼玉県川越市

小畔川

フナ、ヤマベ

他の魚種
コイ

埼玉県川越市を流れる小畔《こあぜ》川。宮沢湖から流れ出し、落合橋下流で越辺《おっぺ》川に流入する。

小畔川はフナ、ヤマベの魚影が多い。その時の気分でヤマベかフナか選べるし、両方ねらいたい僕のような欲張りにはピッタリの釣り場だ。

おススメは東武東上線霞ヶ関駅近くの高橋周辺。ここは人が多い人気のポイントで、どちらかというとヤマベ、コイねらいの人が目立つ。

上流の御伊勢橋上下は瀬の流れで、ヤマベポイント。橋下流の御伊勢塚公園前までポイントが続く。

二兎ならぬ二目ねらいのアングラーにピッタリ

高橋上流はトロ場。ヤマベのほかフナやコイも多い流れだ。

瀬のヤマベは毛バリやフカセ釣りで釣る。トロ場は立ちウキの練りエサ（グルテン）で釣るとよい。どちらも3〜3・6mザオが適している。ハリは袖3号を使用。

トロ場の釣りでは、はじめはヤマベが釣れてくるが、練りエサが効き始めるとフナが寄ってくる。そうするとヤマベは釣れなくなるのがパターンだ。

タナは底スレスレをエサが流れるように、しっかりとウキ下を調節する。ヤマベは13〜15㎝の良型が、フナも20〜24㎝のナイスサイズが釣れるから楽しい。

アタリは明確に立ちウキがスパッと入る。

フナをねらう場合は良型が釣れると想定して玉網を準備しておくことを忘れずに。

川幅5mほどの小河川ではあるが、小もの釣りの楽しさがギュッと詰まっている。

さて、今日はどのポイントで、何を釣ろうかな？ ワクワクさせてくれる釣り場が小畔川なのだ。

ACCESS

電車

東武東上線霞ヶ関駅下車。東京国際大学の前を通り、角栄商店街を抜けて道なりに進むと高橋に出る。徒歩15分ほど。

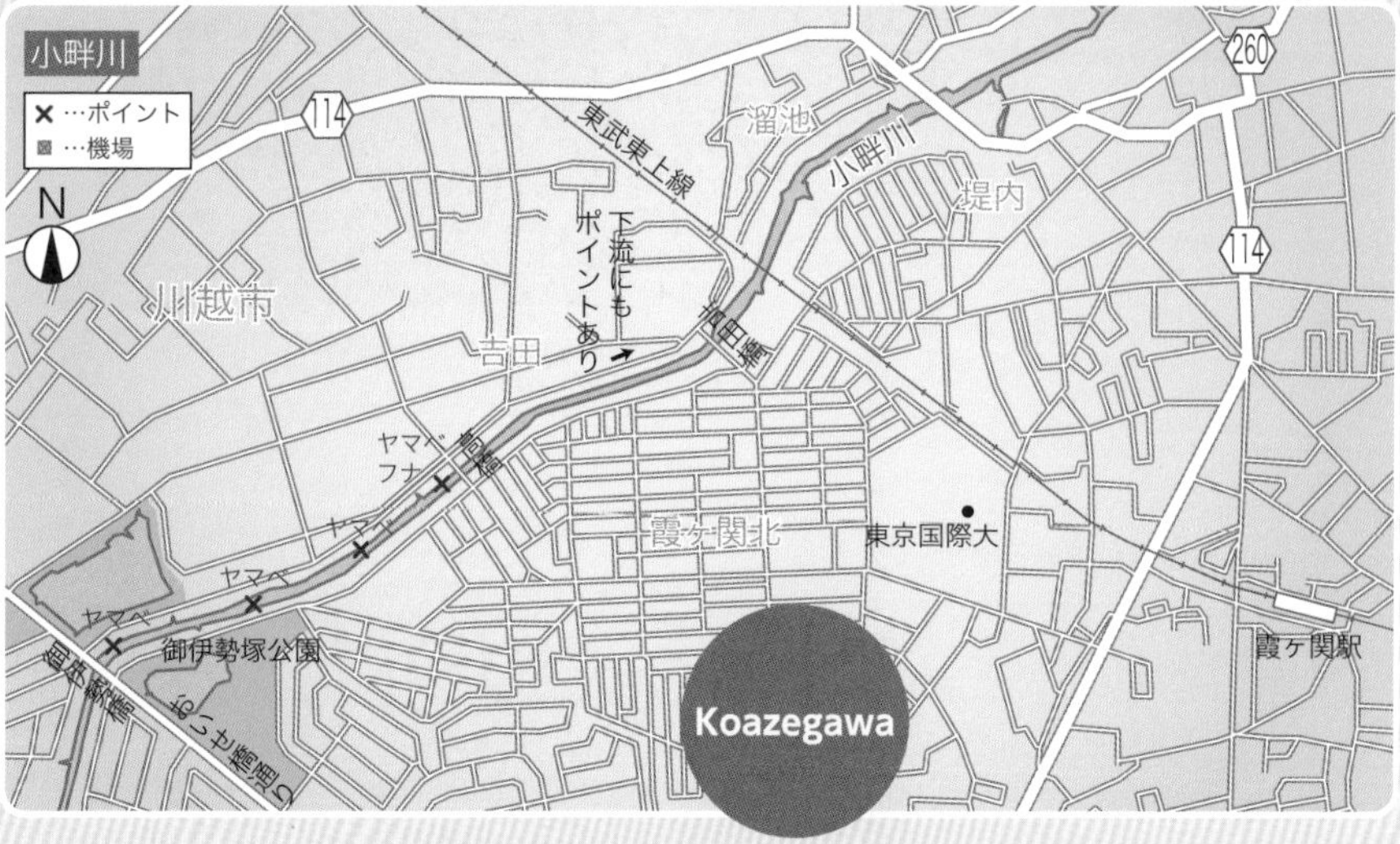

高橋〜御伊勢橋間の流れ

御伊勢橋上流

高橋上流のトロ場

8寸サイズのフナ

ヤマベは練りエサ、
毛バリの両方で楽しめる

埼玉県日高市

高麗川

ヤマベ

他の魚種
カワムツ・ウグイ

シーズン
9月上旬～11月下旬

埼玉県日高市を流れる清流・高麗《こま》川。特に巾着田《きんちゃくだ》周辺はヤマベ釣りが楽しい。

現在、巾着田は曼珠沙華の群生地で知られ、秋は見事な花景色で多くの人が訪れる。その季節の曼珠沙華公園周辺は曼珠沙華まつり（2020年は新型コロナウイルスで中止）で立ち入りが制限されるので、釣りは鹿台橋下流と天神橋から清流橋間がよい。

鹿台橋下流は駐車場が近いのでアウトドアを楽しむ人も多く、時間帯によっては釣りにくいかもしれない。天神橋から清流橋にかけては釣り人向きだ。

紅葉を背景に毛バリ釣りを堪能

僕のおススメは11月。紅葉を楽しみながら毛バリを振る。この時期は釣り人も少なくてヤマベもよく釣れる。

鹿台橋下流の瀬、あいあい橋下流から天神橋のトロ瀬、天神橋から清流橋の瀬が毛バリ釣りのポイント。11月でもバリバリ毛バリに反応する。ヤマベのサイズは10～14㎝級が中心。外道にカワムツ、ウグイが釣れる。

毛バリ釣りは釣り下りが鉄則なので、鹿台橋下流は駐車場付近まで、天神橋付近はあいあい橋下流から清流橋まで釣り下る。仕掛けは3・9mヤマベ（ハエ）ザオもしくは渓流ザオに、毛バリ仕掛けの組み合わせ。

釣り方は、自分の立ち位置よりもやや下流に毛バリ仕掛けを振り込み、仕掛けを張った状態で扇型に毛バリを流す。

アタリはダイレクトにガツンッと手元に来るほか、水面にバシャッと出てくることもありとてもエキサイティング。毛バリ釣りの魅力はここにあり！

半日で40～60尾が平均的な釣果で、参考までに2020年11月4日の釣行では、あいあい橋～天神橋間で30分毛バリを振り15尾と抜群の食いであった。

婚姻色のヤマベもよいが、秋のおとなしい色合いもきれいだと思う。紅葉と一緒にヤマベ釣りも楽しんでみませんか？

●埼玉西部漁業協同組合（TEL042・982・2312）。遊漁料400円（雑魚。現場売りは500円）。4月1日よりアユ解禁日までは毛バリ（蚊バリ）は禁止。

ACCESS

クルマ
圏央道・狭山日高ICで降り県道347号からR299に入り高麗方面に走る。

電車
西武池袋線高麗駅下車。徒歩15分。

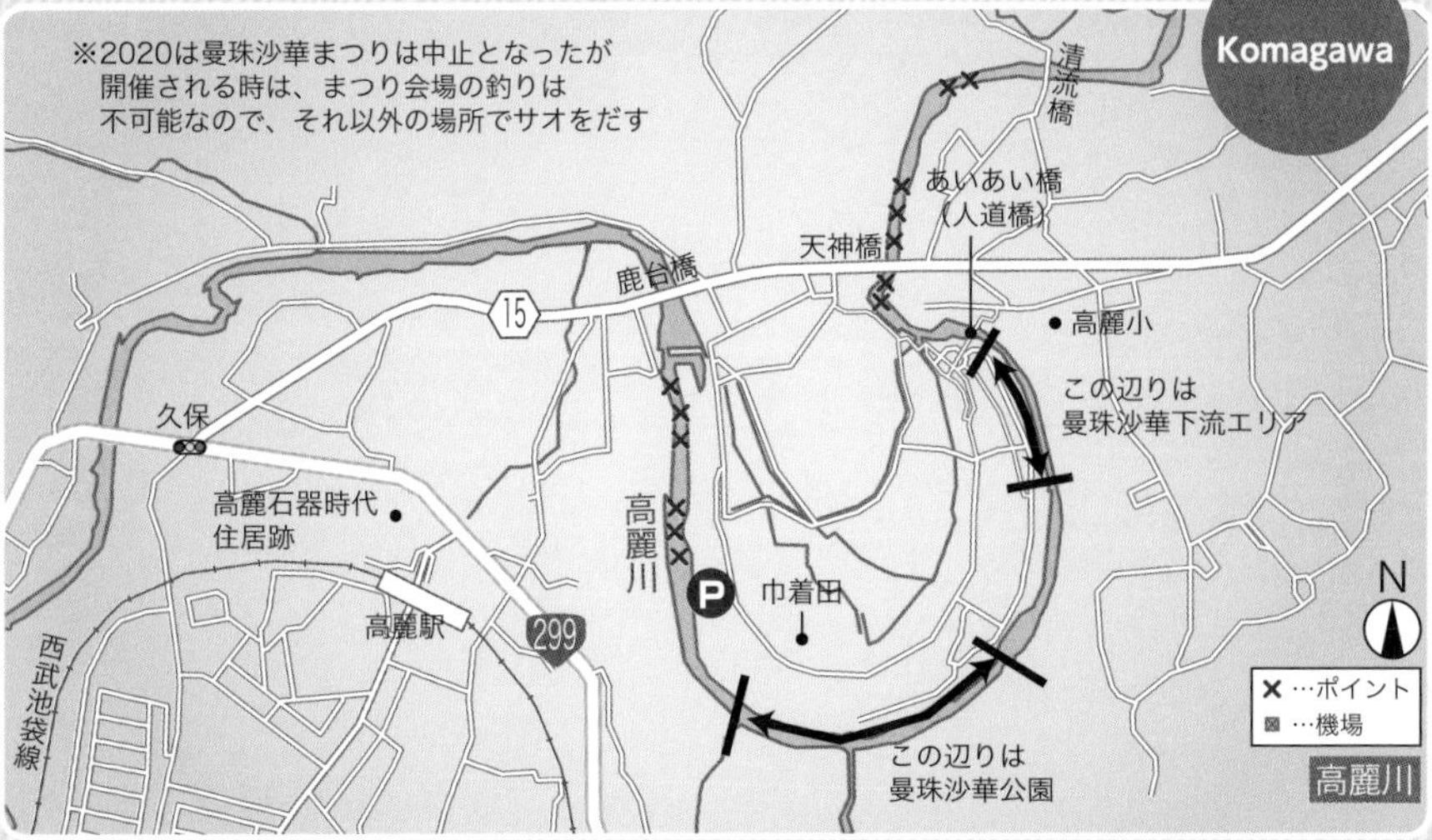
Komagawa
※2020は曼珠沙華まつりは中止となったが
開催される時は、まつり会場の釣りは
不可能なので、それ以外の場所でサオをだす
清流橋
あいあい橋
(人道橋)
天神橋
鹿台橋
15
高麗小
この辺りは
曼珠沙華下流エリア
久保
高麗石器時代
住居跡
高麗川
巾着田
高麗駅
299
西武池袋線
N
×…ポイント
…機場
この辺りは
曼珠沙華公園
高麗川

鹿台橋下流

天神橋下流

天神橋上流

清流橋下流

毛バリに出たヤマベ

埼玉県ときがわ町

都幾川

ヤマベ

他の魚種
カワムツ・ウグイ

埼玉県比企郡ときがわ町を流れる都幾川は、里山の風景を流れる清流でヤマベ釣りが楽しい。

僕の好きな風景はＪＲ八高《はちこう》線明覚《みょうかく》駅がスタート地点。ディーゼル列車に揺られて明覚駅に到着したら、まず「関東の駅１００選」に選ばれた駅舎に目を奪われる。

駅舎を後にして、直進すること5分ほどで都幾川に架かる川北橋に出る。川北橋の目の前に広がる里山の風景がいい。この風景を見ると心が洗われる。

速い流れの瀬をねらい撃ち

都幾川では瀬でヤマベ、流れが緩いトロ場ではカワムツが釣れるので、必然的にヤマベねらいでは流れのある瀬を中心にねらうことになる。

川北橋の上流は水深20〜30㎝のよい瀬が連続している。この流れを毛バリで釣ると面白い。

サオは３・９ｍヤマベ（ハエ）ザオもしくは渓流ザオに、毛バリ仕掛けをセットする（市販品で可）。

２０２０年11月４日、夕方30分だけ川北橋上流で毛バリを振ったが、15㎝級の良型が13尾と短時間でも好反応であった。

また、駅から15〜20分歩くが、ときがわ花菖蒲園の前から玉川橋下流も好ポイントの瀬が連続している。

２０１８年11月３日は、ときがわ花菖蒲園前の瀬を毛バリで釣った。１時間ほどの釣りでヤマベ15尾、カワムツ、ウグイ各1尾。

都幾川のヤマベは流れの速い中にいる。トロ瀬のような緩やかな流れだとカワムツの入れ掛かりとなるので要注意だ。

速い流れの中、ガツンッと来るアタリ、そして引き込まれる強い引きは毛バリ釣りならでは！

11月までは楽しめるので、里山の風景を楽しみながらヤマベ釣りで癒されてほしい。

●武蔵漁業協同組合（ＴＥＬ０４９３・６７・０１７５）。遊漁料５００円。

ACCESS

電車

JR 八高線明覚駅下車。ポイントまで徒歩 5 〜 20 分。

Tokigawa
新玉川橋（西）
この辺りも
ポイントあり
171
流れ
玉川中
172
玉川小
玉川橋
ときがわ町役場
愛宕山
ひと市
ときがわ花菖蒲園
八高線
玉川郵便局
川北橋
都幾川
N
妙覚駅入口
×…ポイント
…機場
明覚駅
（関東の駅百選認定駅）
172
都幾川

川北橋上流の流れ

ヤマベは流速のある瀬をねらう

「関東の駅 100 選」に選ばれた明覚駅の駅舎

ときがわ花菖蒲園前のプールと瀬

電車釣行がおススメ。
旅の気分を味わえる

神奈川県平塚市

金目川

ヤマベ

他の魚種
ウグイ・アユ

神奈川県平塚市を流れる金目《かなめ》川。夏にはアユも上る清流だ。かれこれ30年近く通っているだろうか。僕はヤマベねらいで、いつも毛バリで釣っている。

近年、金目川では満足のいく釣果に恵まれなかったのだが、2019年10月6日は久しぶりに楽しいヤマベ釣りが出来た。

この日は北金目バス停前から川に降りて午後2時半から4時半までの2時間、吾妻橋上流まで釣り下った。このエリアは、毛バリ釣りに向いている瀬が連続している。

ポイントの見極めが釣果の分かれめ

金目川の特徴として、よく当たる（毛バリに反応する）場所と全く当たらない場所がはっきりしていることが挙げられる。

見た目にはすごくよさそうな瀬でも全く当たらない瀬が多いのである。

毛バリを振っていて反応がない場所はどんどん釣り下って粘らないことが重要だ。少しでもアタリが出る流れでヤマベの数を稼ごう。

10月6日は北金目バス停下流の瀬がとりわけよく反応し、よく釣れた。釣り始めの30分でヤマベ20尾。その後は吾妻橋上流までは単発のヒットが多く、拾い釣りで数を稼いだ。最終的に2時間の釣りで10〜15㎝のヤマベ41尾の釣果。

金目川もまだまだ健在だ。

毛バリを流すポイントとして、流れの変化がある場所で当たることが多い。流れと流れがぶつかった場所や、分流の合流点、石の脇のヨレ等。こうした流れの変化を捉えよう。

川の中を歩くことも多いので、最低限、膝までの長靴かウエーダー着用が望ましい。

仕掛けは、3・9mヤマベ（ハエ）ザオもしくは渓流ザオに市販の毛バリ仕掛け（5〜7本バリ）をセットする。

ACCESS

電車

金目川の北金目入口バス停周辺は駐車スペースがないので「釣り鉄」が望ましい。JR 平塚駅北口より秦野駅行・神奈川中央交通バスで北金目下車。目の前が金目川。

Kanamegawa

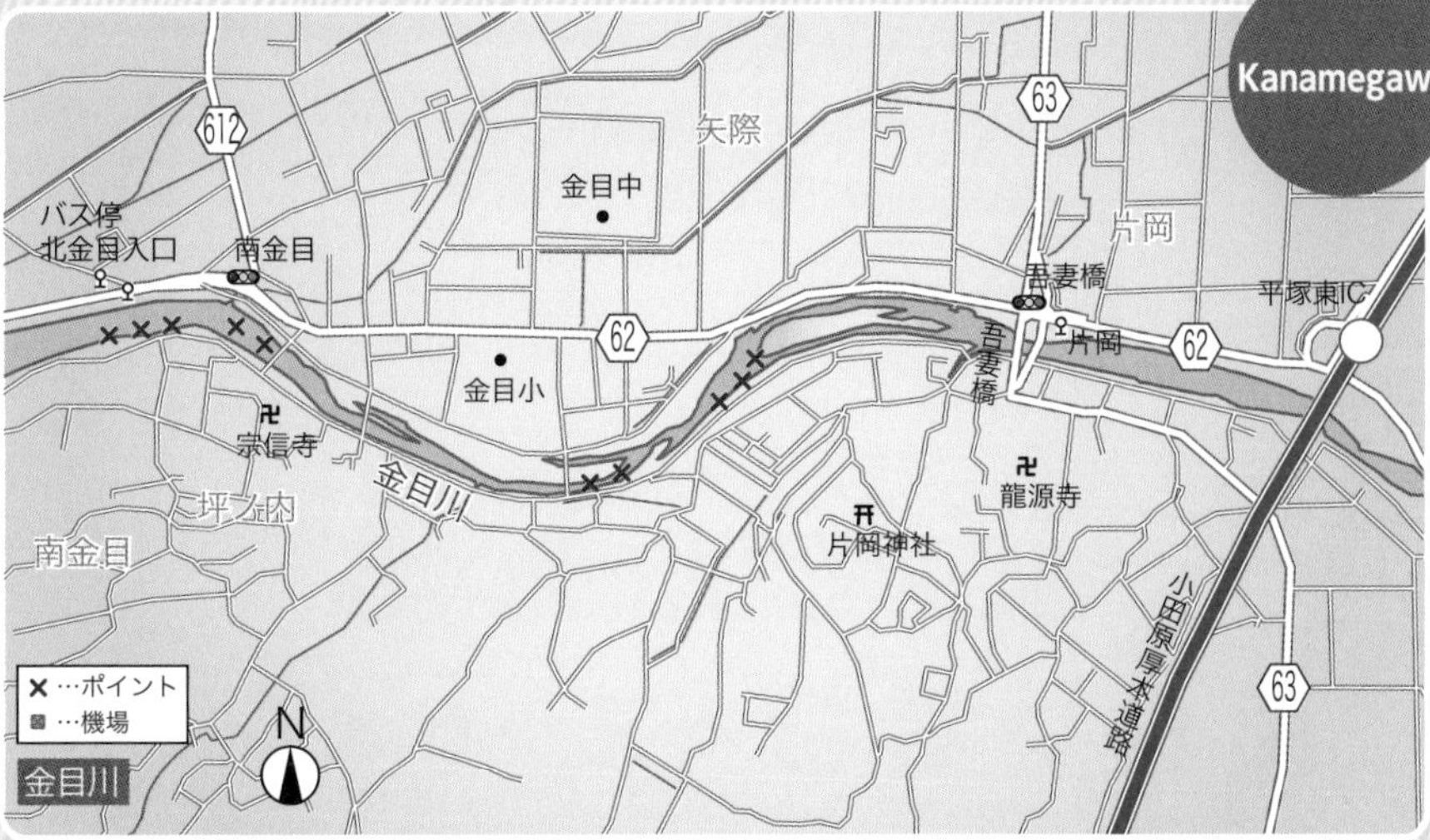

毛バリに反応がある場所を
どんどん捜そう

片岡バス停上流

金目川のヤマベ。夏はアユも上る清流だ

流れがカーブする場所もポイント

Column 3

名所案内
側高神社 西北 2キロメートル
釣 場 ふな釣等 東北 1.5キロメートル附近

釣り場が「名所」だった時代を彷彿とさせる案内板

面白い看板を見つけました

電車釣行派である「釣り鉄」の僕がよく乗る電車にJR成田線があります。印旛沼水系や佐原水郷方面の釣行時に利用するのですが、マブナ釣りの好ポイント最寄り駅に名所案内という案内板があって、そこには「名所案内 釣場 フナ釣等」と書かれています。これには思わず「確かに！」とうなずいてしまいます。

同様の案内板は、僕が気づいているだけでも水郷駅、香取駅、下総神崎駅、安食駅にあり、確か大戸駅にも書いてあったと思います。そして、駅の近くにはマブナ釣りの好ポイントが確かにあります。

これらの案内板は決して新しいものではないようで、僕の想像ですが、もしかしたら旧国鉄時代の物かもしれません。きっと当時はたくさんの釣り人が電車に乗ってやって来たのかなぁ、などと想像するだけで当時の光景が目に浮かんできて、楽しくなります。

「釣り鉄」も楽しいですよ！

今、世界は新型コロナウイルスと戦っています。日本も昨春から新型コロナウイルスが蔓延して、僕が住む東京都では令和3年2月26日現在、二度目の緊急事態宣言が発出されています。不要不急の外出の自粛、移動の自粛など、なかなか自由にあちこちへと出かけることが難しいなか、1日でも早く好きな電車に乗っていろいろな釣り場に出かけられるようになってほしいと切に願っています。

冬の釣り場

寒の季節を締めくくるのは、
「フナに始まりフナに終わる」のフナ？
それともドックの釣りに象徴されるタナゴ？
いえいえ、ヤマベやほかの魚たちも
意外に元気！

茨城県鹿嶋市

額賀のホソ

タナゴ

他の魚種
クチボソ・モロコ・小ブナ

シーズン
11月下旬～2月下旬

茨城県鹿嶋市額賀周辺にある北浦の幅1mほどの土手下のホソ、通称・額賀のホソ。ここは春の乗っ込みブナ、秋の小ブナ、冬のタナゴ釣りと季節毎に長年楽しんできた。

僕がタナゴ釣りを始めた頃は北浦に足しげく通い、この額賀のホソでも楽しんだものである。

北浦全般にいえることだが、小ブナもタナゴも以前と比べると釣れる数が少なかったり、釣れる場所が減ってきているのが現状だ。そんな中でも額賀のホソは釣れる時は数が出るので、毎年の様子見は欠かせない。

3㎝以下の極小サイズが相手

水色は澄んでいることが多く、近年は土砂が堆積しているせいか水深が浅く底が丸見えの場所も多い。運よく見えるタナゴがいたら、ねらってみる。

基本的なポイントは、小橋の陰、水面にかかったボサ周り、土管など。ホソのタナゴは土管やボサの中、小橋の暗渠から出たり入ったりしているようだ。

このようなポイントを見つけたら、魚影が見えなくても釣りをしてみよう。エサ打ちをしているうちにタナゴが出てくるかもしれない。また、水面にかかるボサの中でキラキラとヒラを打つ姿が見られるかもしれないので、ホソを注意深く観察することもポイントを見つける術の1つだ。

仕掛けは80㎝～1mのタナゴザオに、感度のよい小型親ウキ+糸ウキを組み合わせた連動シモリ仕掛け。ハリはがまかつ・極タナゴ、ささめ針・新虹鱗タナゴ。

額賀のホソでは3㎝以下の極小タナゴが多いので、手砥ぎバリを持っていると安心なのだが、がまかつ・極タナゴ極小やオーナー・魅玄（ミクロ）タナゴでも充分釣りになる。

釣り始めはグルテンをやや大きめに付けて、アタリが出始めたら小さく付けて吸い込みをよくする。

クチボソ、モロコ、小ブナ等も釣れる。タナゴは、よい時は50～60尾釣れたこともあれば、数尾しか釣れなかったこともある。

野のタナゴ釣りは難しいけれど、宝石のようなキラキラとした魚体を手にしていただきたい。

ACCESS

クルマ

東関東自動車道・潮来ICで降りR51で新神宮橋を渡る。県道238号須賀北埠頭線経由で県道18号茨城鹿島線に入り額賀方面へ。

額賀のホソ
×…ポイント
…機場
N
北浦
武井舟溜
※釣り禁止
武井水門
武井揚排水樋門
向崎樋門
北前樋門
この辺り水量、水況を見てサオをだす
小橋周辺や水路の吐き出しなどをねらってみる
額賀舟溜
工業用取水場
北浦大橋
武井第一排水樋門
茨城鹿島線
武井第五機場
武井川
武井
18
186
南前樋門
額賀
鹿嶋市
Nukaga no hoso

幅１mほどのホソが釣り場

タナゴは 3cm 以下の極小サイズが多い

小橋の陰はポイントの１つ

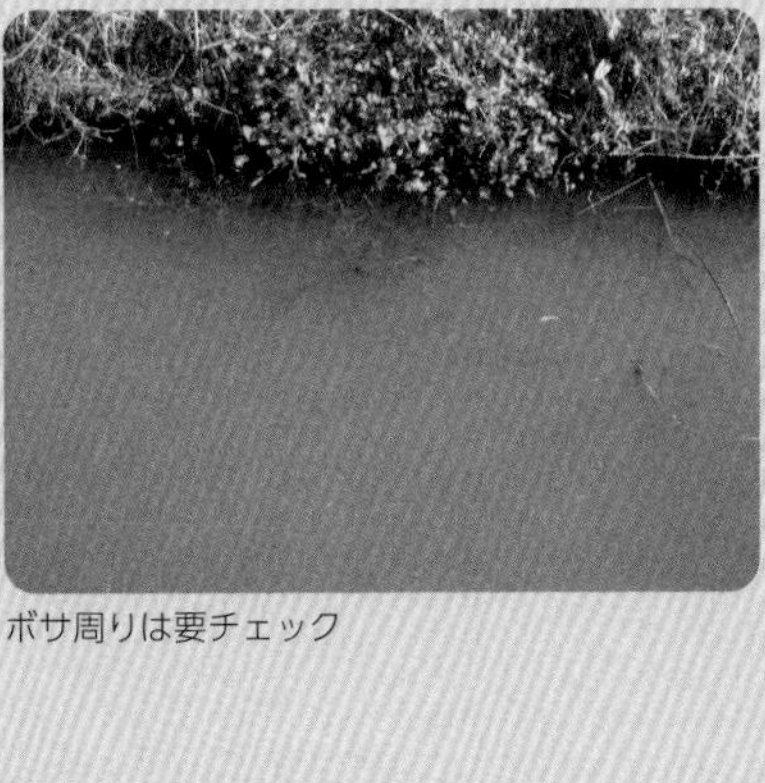

ボサ周りは要チェック

茨城県小美玉市

霞ヶ浦・東浦の舟溜

タナゴ

他の魚種
クチボソ・モロコ

シーズン
11月下旬～2月中旬

12 1 2 3 4 5 6 7 8 9 10 11

冬になり水温が低くなってくると、オカメタナゴは越冬場所を求めて水深があり水温の変化が小さい舟溜に移動する。霞ヶ浦・東浦の舟溜では例年1～2月の寒期にタナゴ釣りが楽しめる。

しかしながら、どの舟溜でも釣れるわけではない。なかには釣り禁止の舟溜もある。釣れている舟溜を見つけるには、釣り人の有無で判断してみることも一つの手である。

首尾よくタナゴ釣りファンがサオをだしている舟溜を見つけたら、挨拶をして入れてもらうとよい。

穏やかで暖かい日の日中がベストタイム

舟溜は水深1～1・5ｍだが、タナゴは寒期でも水深30～50㎝の障害物に群れていることが多い。

係留船の下、沈船、舟溜の角や設置されたタイヤなどを目安に、キラキラとヒラを打つタナゴを見つけられたらチャンスだ。

仕掛けは80㎝～1ｍのタナゴザオに、感度のよいタナゴ用親ウキ＋糸ウキの組み合わせの連動シモリ仕掛け。ハリはがまかつ・極タナゴ、ささめ針・新虹鱗タナゴを使用。

エサはグルテンのほか、エサ付けが難しいが玉虫があれば抜群の効果を発揮することがある。

仕掛けのバランスは、水面下で止まるゼロバランスがアタリを取りやすい。

釣り始めはウキ下50㎝くらいからスタートし、食いが活発になりタナが少しずつ上ずってきたらウキ下を徐々に上げていこう。ウキ下が浅いほうが手返しくよく数が釣れる。

アタリは親ウキがツンッと入ったり、糸ウキが左右にぶれる、親ウキがわずかにホワホワと揺れるなどで、大きく派手に引き込まれるアタリはジャミのクチボソやモロコの可能性が高い。

よい時には束釣り（１００尾）も出来る可能性がある。

寒期に釣れるとはいえ、早朝はまだ活性が低く食いが悪いので、9時頃から3時頃までがベストタイム。穏やかで暖かい日を選んで釣行するとよいだろう。

ACCESS

クルマ

常磐自動車道・千代田石岡ICで降りR6に入り貝地交差点を右折。県道118号で高浜方面に走り、常磐線の線路を渡り道なりに直進。山王川を渡りすぐ右折して土手道に入り東浦の各舟溜へ。

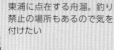

霞ケ浦・東浦の舟溜
✕…ポイント
▩…機場
N
行方市
沖洲
羽生
下玉里
須賀
大井戸
城之内機場
園部川
鎌田川
園部河口大橋
玉里排水樋管
大井戸機場
194
捨て石帯
平山機場
御蔵舟溜
この一帯は
桜並木
沖洲上組
排水樋管
沖洲舟溜
中組
排水樋門
下組
排水樋門
355
羽生
排水樋管
羽生舟溜
※釣り禁止
Kasumigaura
• higashiura no
funadamari

東浦に点在する舟溜。釣り禁止の場所もあるので気を付けたい

よい時には束釣りもねらえる

千葉県柏市

大堀川

マブナ

「3尾釣れば一人前」を目差していねい・丹念に

千葉県柏市北柏駅近くを流れ、手賀沼に流入する大堀川は冬でもマブナ、ヘラブナが釣れるので、多くの人で賑わってる。

ほとんどの人はヘラブナねらいだが、マブナも多く、4・5mザオに遅ジモリバランスに整えたシモリ仕掛けの探り釣りが可能だ。エサは赤虫の房掛けで、ハリが隠れるくらいにたっぷりと装餌する。

釣り場となるのは常磐線の鉄橋から柏ふるさと大橋までの間。特に、北柏橋上下に人気が集中している。

もちろんこのポイントもよいのだが、釣り人が多く探り歩くのが難しい。北柏橋下流は釣り人が集中する場所が大体決まっているので、僕がオススメするのは釣り人が切れた場所から柏ふるさと大橋まで。右岸をねらうとよい。

寒ブナ釣りは深場をねらうのがセオリーであるが、大堀川は比較的水深が浅いので、穏やかな日は水深30〜40㎝の浅場で群れ泳いでいたり、底を漁っていたりする。浅場ではこれらのフナを見釣りでねらう。泳ぐコースを予測して、フナよりもやや上流に仕掛けを投入する。食い気があればすぐに食ってくる。底を漁っているフナを見つけたら期待大だ。浅場ではとにかくフナを見つけ静かに釣ること。

柏ふるさと大橋上流右岸も好ポイント。岸寄りは板チョコ状護岸で、護岸の先が深くなっている（水深50〜70㎝）。ここにフナがたくさんいて、暖かく穏やかな日は護岸の浅場でエサを漁っていることもあるが、通常は護岸先を探る。

「3尾釣れば一人前」といわれる寒ブナ釣りなので、探り釣りではていねいに丹念にを心掛けてほしい。

大堀川のマブナは良型が多く、尺ブナの期待も持てる。元々コイが多い川なので、外道にコイが掛かることも多い。

寒さの厳しい日や風の強い日は避けて、暖かく穏やかな日に釣行すれば良型マブナの引きを堪能出来るだろう。玉網と偏光グラスを忘れずに。

ACCESS

クルマ

常磐自動車道・柏ICで降りR16を千葉方面に走り呼塚交差点を左折して北柏駅へ。駐車スペースがないので駅周辺のコインパーキングを利用する

電車

JR常磐線各駅停車北柏駅下車。徒歩5分ほどで北柏橋。

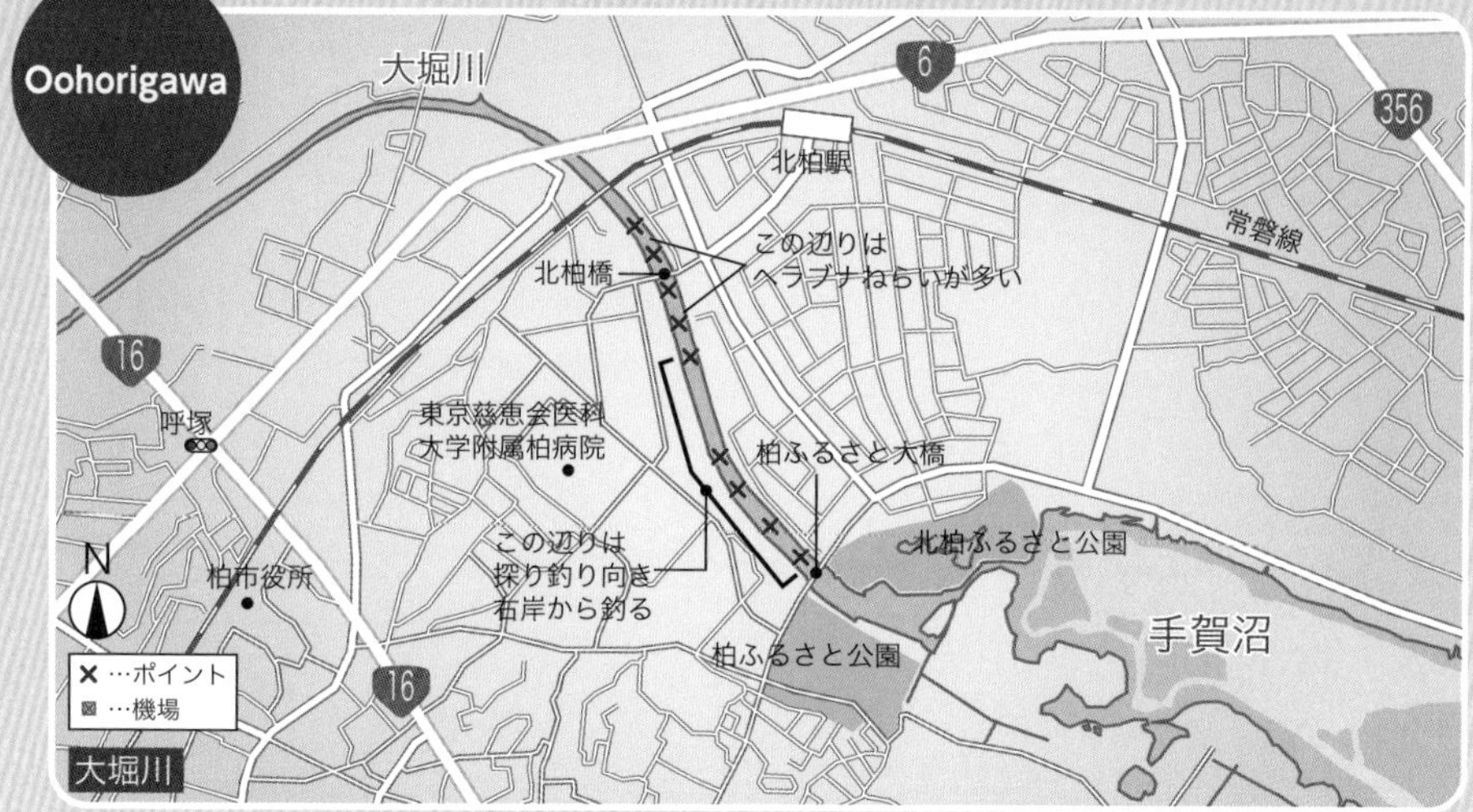
Oohorigawa
大堀川
6
356
北柏駅
常磐線
この辺りは
ヘラブナねらいが多い
北柏橋
16
呼塚
東京慈恵会医科
大学附属柏病院
柏ふるさと大橋
この辺りは
探り釣り向き
右岸から釣る
北柏ふるさと公園
N
柏市役所
手賀沼
柏ふるさと公園
✕…ポイント
…機場
16
大堀川

北柏橋下流

冬期でも尺ブナ
がねらえる

柏ふるさと大橋
上流右岸

外道にコイも掛かる

埼玉県蓮田市

綾瀬川

マブナ

他の魚種
ヘラブナ・コイ
シーズン
10月下旬～
2月下旬
1 2 3 4 5 6 7 8 9 10 11 12

埼玉県蓮田市・さいたま市を流れる綾瀬川は以前より寒ブナ釣り場として知られている。

綾瀬川立合橋周辺、原市沼川合流点からJR宇都宮線（東北本線）鉄橋までは現在でもたくさんのフナ釣りファンが訪れる。

釣り人のねらいは主にヘラブナだが、マブナもかなり多い。しかも大型で、冬場の貴重な尺ブナ釣り場といえる。

原市沼川合流点から立合橋の間は川が蛇行し、水深1mほど。川幅は5～8mで右岸からの釣り。対岸のヘチや流心からのカケアガリをねらう。

赤虫&グルテンエサで尺ブナにもリーチ

なお、2020年12月現在、立合橋上流右岸の一部で河川工事の予定。工事の規模は不明だが釣りに影響がないことを祈る。

立合橋下流は見沼代用水が左岸から流れ込む。以前はこの流れ込みが好ポイントだったが、工事で川幅が広がり、のっぺりとした印象でポイントが減ったと感じる。

橋下流の水深計がある場所は深くなっていて好ポイントの1つだ。

橋下流は全体的に浅く、コイやフナの姿を見ることができる。

多くの人はヘラブナ仕掛けだが、僕はシモリ仕掛けで釣っている。渓流ザオ4・5～5・3mにシモリ仕掛けをセットし、エサは赤虫、グルテンを使用している。

基本は探り釣りで、赤虫で広く探る。反応がない場合はグルテンに変えて探りグルテンスタイルにしてみる。連日練りエサでねらわれており、グルテンに反応する場合があるからだ。

橋下流の浅場を泳ぐフナをねらい撃ちするのも一つの手だ。食い気のあるフナが多く、静かに釣ればヒットする。浅場の釣りはシモリ仕掛けの真骨頂だ。泳ぐコースを予想して仕掛けを投入する。食い気があるフナなら一発で食ってくることもある。

2020年12月6日、午後から試釣した。橋上流では出なかったが、橋下流の泳いでいるフナをねらい、良型をバラシた後に33cmの尺ブナをキャッチ。その後は50cmオーバーのコイが掛かり、暴れたために散ってしまった。

参考までに、宇都宮線鉄橋より下流はフナが少ない。

ACCESS

クルマ

東北自動車道・岩槻ICで降りR16を大宮方面へ。丸ヶ崎交差点を右折して県道322号に入り、綾瀬川を渡り1つめの信号を左折。見沼代用水手前を左折して立合橋へ。

電車

JR宇都宮線蓮田駅下車。西口に出て県道311号を綾瀬川方向に歩き、見沼代用水に架かる御前橋手前を左折して代用水に沿って歩くと立合橋に出る。

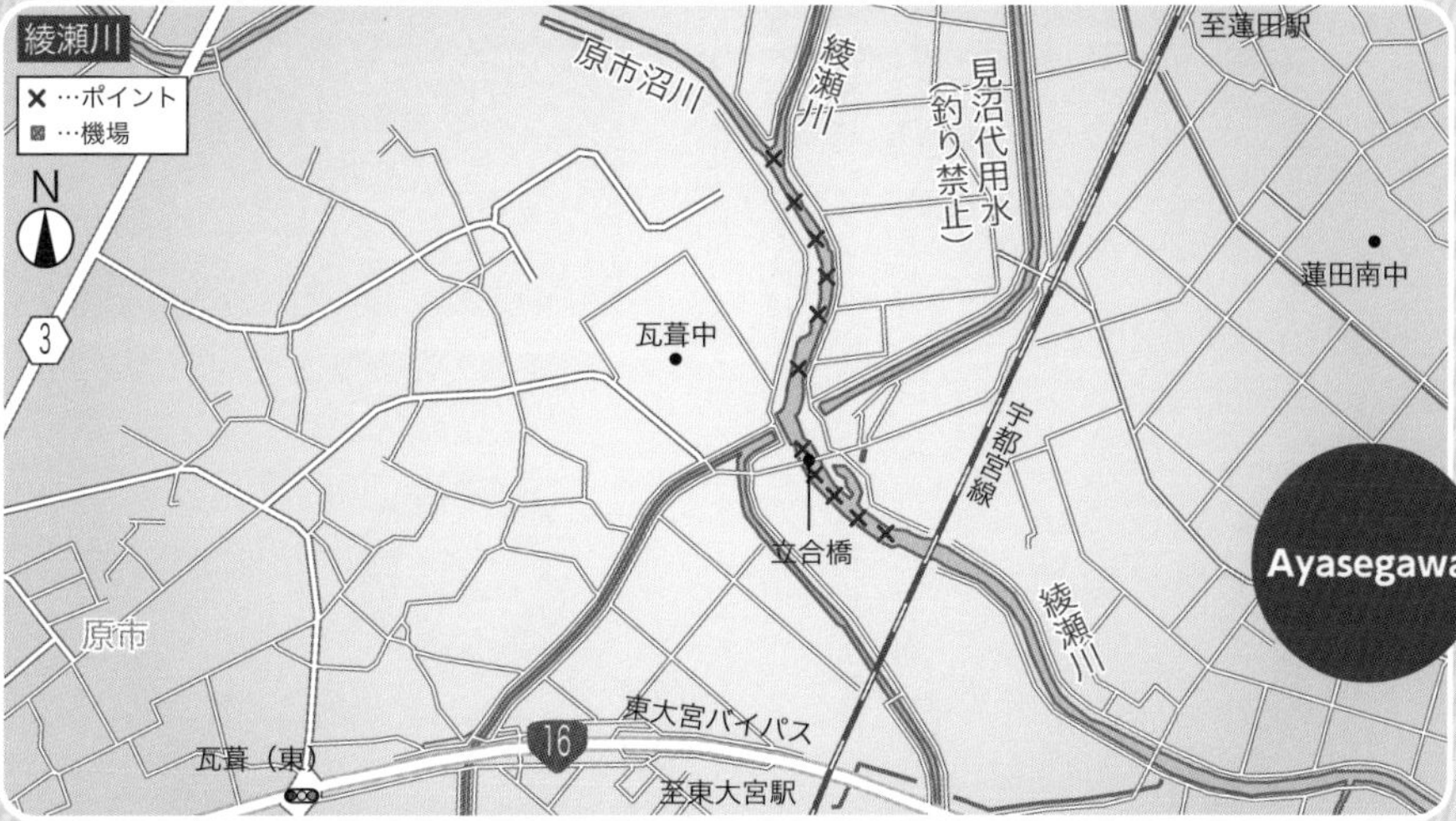
綾瀬川
×…ポイント
…機場
N
3
原市沼川
綾瀬川
見沼代用水（釣り禁止）
至蓮田駅
蓮田南中
瓦葺中
宇都宮線
立合橋
Ayasegawa
綾瀬川
原市
東大宮バイパス
16
瓦葺（東）
至東大宮駅

立合橋下流

立合橋上流

冬でも尺ブナに会える
貴重な釣り場だ

東京都板橋区

見次公園

フナ、タナゴ

他の魚種
コイ・ヘラブナ

首都高速に面するも自然豊かな公園の池

東京都板橋区にある見次公園ではフナやタナゴ・小もの釣りが楽しめる。公園の池は自然湧水のようで、首都高速の横の自然豊かな公園は、とてもミスマッチな感さえある。3月下旬~10月の土日祝日はボート乗り場も営業し、たくさんの人が楽しんでいる。

フナ釣りは周年楽しめるが、冬場は池の北側と西側に釣り人が多い。

仕掛けは、3m前後のサオにヘラブナ仕掛けをセットする。上下バリの2本バリとし、ハリスは上バリ10~15㎝、下バリ20~25㎝。エサはヘラブナをバリバリ釣ろうというのでなければ、グルテンだけでもそこそこ釣れる。

釣り方は底釣りで、日並みにもよるが3尾くらいは冬でも期待したい。尺も釣れるので玉網は必携だ。また大型のコイも多い。

見次公園のタナゴ釣りといえば30年ほど前の雑誌に記事があったと記憶している。昔から知られたタナゴ釣り場なのだ。

冬はタナゴに限らず小もの釣りの場合、ボート乗り場横の水の流入付近がアタリが多く人気がある。ただ、タナゴ釣りに限っていえば冬よりも夏~秋がおススメで、広範囲でしかも上層で釣れるので数釣りが出来る。活性の高い時期ならば結構釣れるし、東京の池で数が釣れるのでそれは面白い!

仕掛けは60~80㎝のタナゴザオに、感度のよいタナゴ仕掛けを使いたい。

ポイントは池の北側及び西側がよい。

ゼロバランスの仕掛けでウキ下30㎝から釣り始める。ポイントに当たるとすぐアタリが出るはず。仕掛けが馴染んでウキがツンッと入ればタナが合っている証拠で、馴染む前にウキがモヤモヤしたり馴染みが悪かったりする場合はタナゴが上ずっているので、ウキ下を25㎝、20㎝と短くして対応するとよい。

短ザオだと余分なイトが水面に着かないのでアタリがカッチリと決まる。

2020年9月の試釣では1時間で5~6㎝のオカメタナゴ(タイリクバラタナゴ)22尾と楽しい釣りだった。

なお、タナゴ仕掛けにも大ゴイが掛かることもあるので気をつけて!

※月曜日は釣りのみ休み。

ACCESS

電車

都営三田線志村坂上駅下車。A2出口から一里塚通りを見次公園方面に徒歩5分ほど。

Mitsugikouen

見次公園
×…ポイント
…機場
N
見次公園裏
一里塚通り
WC
※リール釣り禁止
夜釣り禁止
タナゴ
タナゴ
タナゴ
ボート
この辺りは
ヘラの人多い
首都高速5号池袋線
タナゴ
見次公園前
445
見次公園上
見次公園前

公園北側

公園西側

公園南側

首都高速と隣り合う
池でタナゴが釣れる！

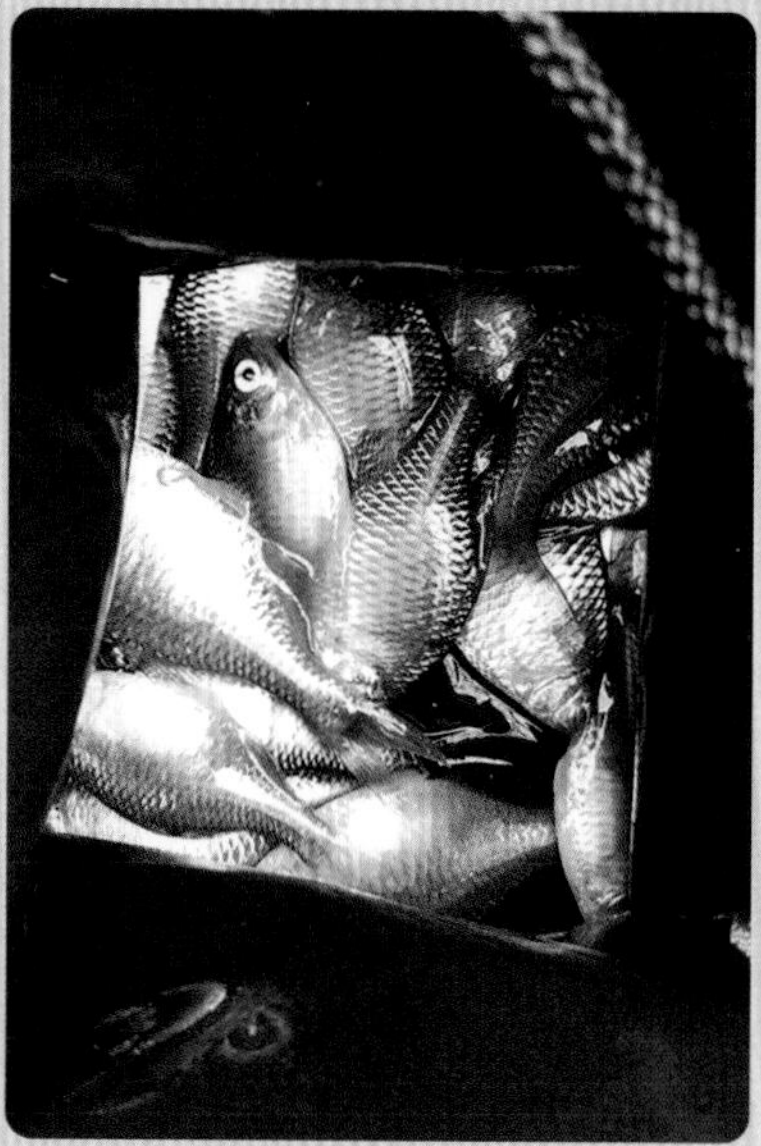

東京都板橋区

赤塚溜池公園

マブナ、ヘラブナ

他の魚種
クチボソ・モロコ・コイ

シーズン
ほぼ通年

東京都板橋区赤塚の赤塚溜池公園は、釣りが出来る池のほか、児童遊具、赤塚城跡、美術館があり、梅の木も約200本植えられ早春に見頃を迎える。さまざまな楽しみがあり、じっくり訪れたい場所だ。

釣りが出来る池は、1周数分で回れてしまうほどの小ささだが、フナや小もの釣り（クチボソ、モロコ）が周年楽しめ、多くのフナ釣り、小もの釣りファンで賑わっている。

僕がここでおススメしたいのはフナ釣り。マブナ、ヘラブナが釣れ、特筆したいのは魚影が非常に多いのだ。さらに、両方とも型がよくキュンキュンと強い引きが味わえる。ただし時折り大ゴイが掛かるので注意。

1周数分で回れる小さな池に良型フナが泳ぐ

ヘラブナにこだわらなければ、ポイントはほぼ全域といってもよいかもしれない。常連さんはだいたい釣りをする場所が決まっているので、初めての人でも空いている場所でサオをだせばOK。

3m前後のサオにヘラブナ仕掛けをセットする。上バリと下バリの2本バリとし、ハリスは上バリ10〜15㎝、下バリ20〜25㎝。

基本的に、マブナが釣れればよいので底釣りで、上バリトントン（底釣り時上バリがエサを付けていない状態でちょうど底に着いている状態）で釣っている。エサは上バリにバラケエサ、下バリに食わせエサが基本的な釣り方であるが、2本ともグルテンを使う両グルテンでも問題ない。

僕は最近のヘラブナのエサに詳しくないので両グルテンで釣っている。それでも尺ブナや尺ベラが釣れるのだから充分に楽しい！

さらに、短ザオなので、のされないようにスリリングなやり取りが面白い。

小さいアタリを取れれば一番乗りがよく、一目盛チクッと入るような小さなアタリでも合わせられるように構えておくことも大切だ。

公園の池と侮るなかれ。赤塚溜池公園はかなり楽しい釣り場である！　玉網は必携。

ACCESS

電車
都営三田線西高島平駅下車。徒歩15分。

小さな池だが釣れるフナは良型だ

尺ブナ。
玉網は必携

公園なので釣り以外にもさまざまな楽しみがある

板橋区立美術館も隣接する

東京都東久留米市

落合川

ヤマベ、カワムツ

他の魚種
アブラハヤ・コイ

東京都東久留米市を流れる落合川は、池袋駅から最短20分という場所にありながら、湧水が流れ込む清流だ。湧水のおかげで水温が安定して冬場でも青々と水草が茂っている。

落合川に生息するのはカワムツ、ヤマベ、アブラハヤ、コイ等で、ヤマベねらいで釣りをしたいのだが圧倒的にカワムツが多い。ヤマベが多い黒目川の支流なので、もう少しヤマベがいるとよいのだが……。

それでも真冬に清流釣りが出来て、よく釣れるのだから貴重な釣り場である。

真冬でも毛バリ釣りが楽しめる

釣り場は毘沙門橋から黒目川合流点までの約2km。毘沙門橋〜老松橋間は、落合川いこいの水辺から水際に降りて左岸側から釣りができるが、老松橋〜黒目川合流点は遊歩道からフェンス越しの釣りとなる。

毘沙門橋から老松橋の間はチャラ瀬や瀬の連続で、オモリを使わないフカセ釣りや毛バリ釣りが向くが、川幅が狭くバックスペースがないうえ、両岸に草が生えているので振り込みが難しく少々技術が必要となる。サオはハエザオもしくは渓流ザオ3〜3・6m。2020年2月は毛バリにカワムツがヒットしている。

老松橋から黒目川合流点までは水草がびっしりと生えているので、水草の切れ目を中心にねらう。ハエウキの多段シズ仕掛けで釣るとよい。サオは3・9〜4・5m。

老松橋下流と不動橋上流には流れの段差があって水深があるポイントだが、コイが非常に多くて釣りにくい。

不動橋広場前や不動橋下流〜新落合橋間の水草の切れ目ねらいでよく釣れる。新落合橋下流右岸から水路の流れ込みがあるので、ここもポイントだ。

フカセ釣りの場合はサシを使うが、多段シズ仕掛けではグルテンやマルキユー・ヤマベチューブハエも使用。ウキがスパッと入るアタリが出るので分かりやすい。

2020年12月の試釣では、水草の切れ目を多段シズ仕掛けにグルテンで釣り、正味1時間ほどでカワムツ20尾にアブラハヤ。ヤマベは残念だが釣れなかった。

遊歩道は散歩やジョギングをする人が往来するので気をつけて釣りをしてほしい。

ACCESS

クルマ
東京方面より新青梅街道を花小金井方面に走り、花小金井4丁目交差点を右折して小金井街道に入る。前沢交差点の先を右折して東久留米駅方面へ。駅周辺のコインパーキングを利用。

電車
西武池袋線東久留米駅下車。落合川まで徒歩10分。

Ochiaigawa

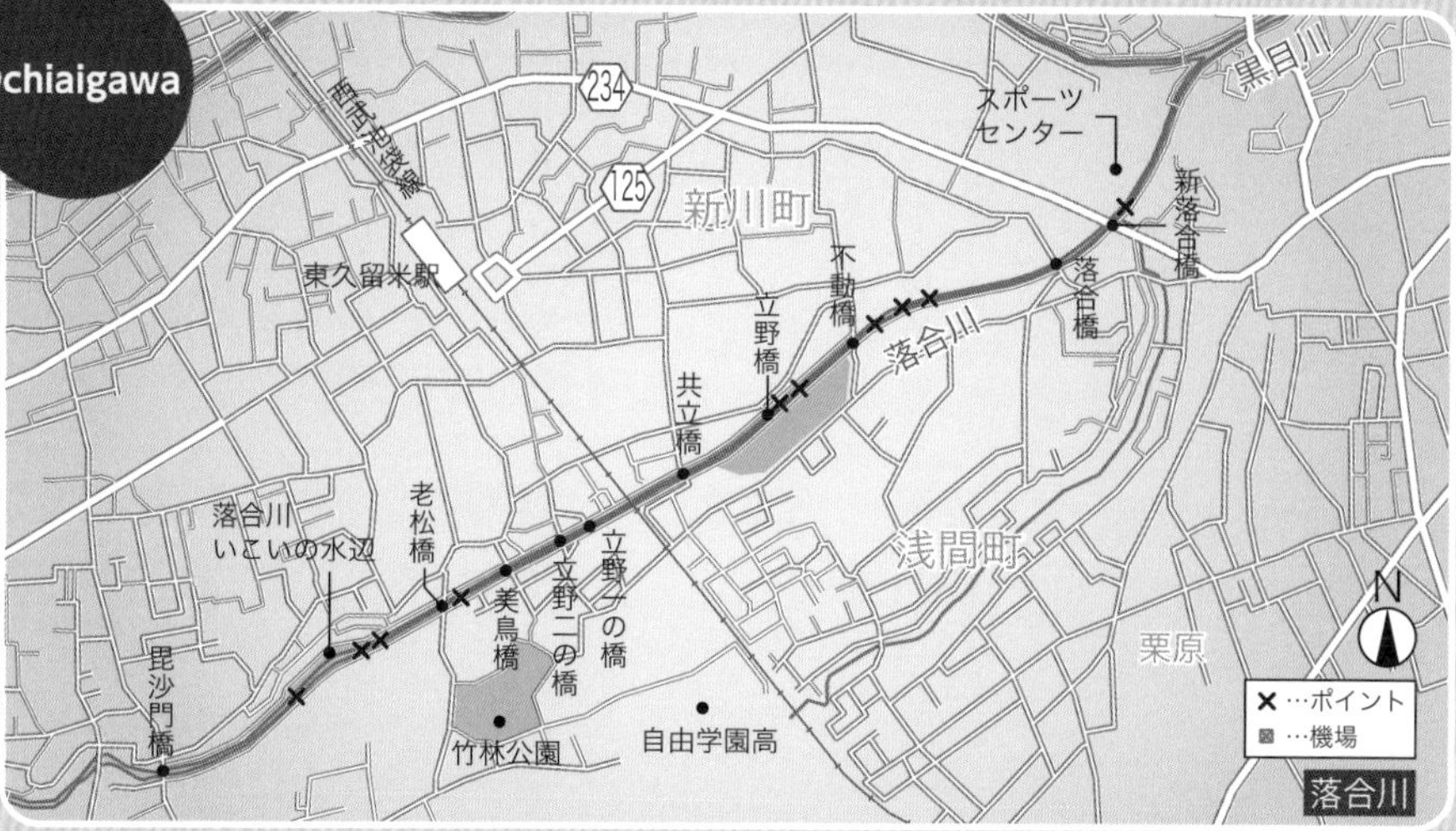
234
125
西武池袋線
黒目川
スポーツ
センター
新川町
新落合橋
東久留米駅
不動橋
落合橋
立野橋
落合川
共立橋
落合川
いこいの水辺
老松橋
立野一の橋
立野二の橋
美鳥橋
浅間町
N
栗原
毘沙門橋
竹林公園
自由学園高
×…ポイント
…機場
落合川

毘沙門橋下流

いこいの水辺前

老松橋上流

落合橋下流

不動橋広場前

神奈川県海老名市

貫抜川中央排水路

ヤマべ、マブナ

他の魚種
ウグイ・コイ・ナマズ

神奈川県海老名市を流れる貫抜《かんぬき》川。海老名駅方面から海老名高、中新田小前を流れて貫抜川に合流するのが中央排水路。

30年ほど前の貫抜川は、冬場ともなると釣り会の例会が行なわれたり、大勢のマブナフリークが訪れたりと大人気の釣り場だった。

現在では時折り貫抜川本流で釣り人を見掛ける程度で、忘れられた釣り場になりかかっている。魚影も往年とは比べようもないが、少人数や個人で楽しむには充分だ。

相模川の支流だからヤマベは多いし、2019年12月～2020年1月は尺ブナラッシュであった。長年、中央排水路に通っているが、この時期に尺ブナが釣れるのは珍しい。

年のムラはあるが長年通い続ける魅力あり

釣り場は海老名高校前から貫抜川本流の合流点まで。ヤマベねらいなら、海老名高校前から中新田小の間で魚影を探すと良い。

基本的に水深20～30㎝と浅く、海老名高校前から中新田小の上流側にある集合住宅の前までは底が丸見えの場所が多く、少しでも小深い場所にいるヤマベを釣る（この間は道路からの釣りとなるので車や通行人に注意）。

浅いぶん場荒れが早く、ヤマベを拾い歩く釣りになる。

中新田小前は、前述のポイントよりもやや水深（40～50㎝）がある。ヤマベねらいなら3・6m渓流ザオに、ハエウキを使用した立ちウキ仕掛け＋グルテンで釣ると集魚効果がある（コイが多いので撒きエサは不可）うえに、アタリも非常に分かりやすい。

2019年12月1日はヤマベねらい2時間半で33尾。外道にウグイ。

マブナねらいは中新田小前がポイントで、基本的に中ブナ主体。対岸のヘチ～流れの中央部～手前ヘチと、赤虫エサのシモリ仕掛けで丹念に探るとよい。

2019年12月1日は尺ブナ3尾ヒット。12月8日は外道が多くヒットしてマブナは35㎝1尾。2020年1月3日は36㎝1尾。

外道はコイ、ナマズ等いずれも大型なので玉網は必携だ。

長年通っての傾向として、釣れる・釣れない年の波があることが難点だが、当たり年は本当に楽しい釣り場で、毎年通ってしまう。

ACCESS

クルマ
圏央道・海老名ICで降りてそのまま直進すると貫抜川。

電車
海老名駅東口より長後駅西口行バスで中新田小前下車。

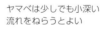

46
43
43
海老名
中新田郵便局
海源寺
中新田小
東興寺
海源寺
この間は
両岸から釣れる
ヤマベ
ヤマベ
ヤマベ
ヤマベ
ヤマベ
中央排水路
ヤマベ
ツナベ
流れ
左岸からの釣り
海老名高
貫抜川放水路
N
×…ポイント
…機場
貫抜川中央排水路
Kannukigawa
chuuou
haisuiro

海老名高校前

集合住宅前

ズシリと重い尺ブナ

中新田小前

ヤマベは少しでも小深い
流れをねらうとよい

主な対象魚別 INDEX

マブナ（一部ヘラブナ含む）

春

上高崎のホソ……10
浜のホソ……12
舟津のホソ……14
上根のホソ……16
沖宿のホソ……18
牛込のホソ……20
境島水路……22
中洲横堀……24
側高水路……26
大須賀川Ⅴ……28
多田島のホソ……30
和銅谷のホソ……32
新江川……34
石神井公園……36
渋田川……38

夏

横須賀の湖岸&ホソ……42
舎人公園……62
新河岸川放水路……76
伊佐沼……78

秋

八木干拓水路……84
長門川酒直水門上流左岸のホソ……86
手賀川・関枠橋周辺……88
神明堀……92
東大場川……94
新川（旭新川）……96
赤目川&本納のホソ……98
末田用水……102
出羽堀周辺のホソ……104
黒谷落し左岸のホソ……106
古谷本郷・久下戸のホソ……110
小畔川……112

冬

大堀川……126
綾瀬川……128
見次公園……130
赤塚溜池公園……132
貫抜川中央排水路……136

タナゴ（オオタナゴを含む）

夏

新河岸川放水路……76
見次公園（夏〜秋）……130

秋

手賀川・関枠橋周辺……88
神明堀……92
西城沼公園……108

冬

額賀のホソ……122
霞ヶ浦・東浦の舟溜……124

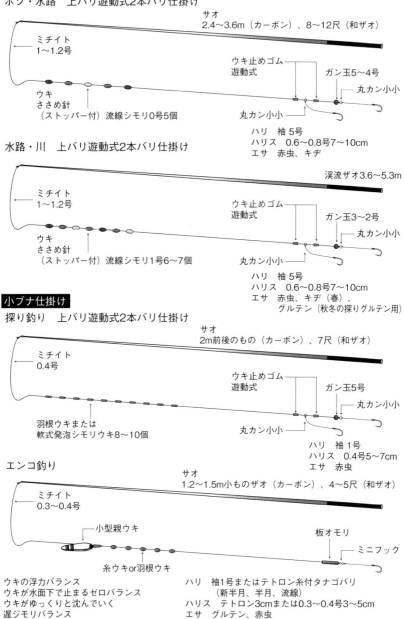

主な仕掛け図例

マブナ仕掛け

ホソ・水路　上バリ遊動式2本バリ仕掛け

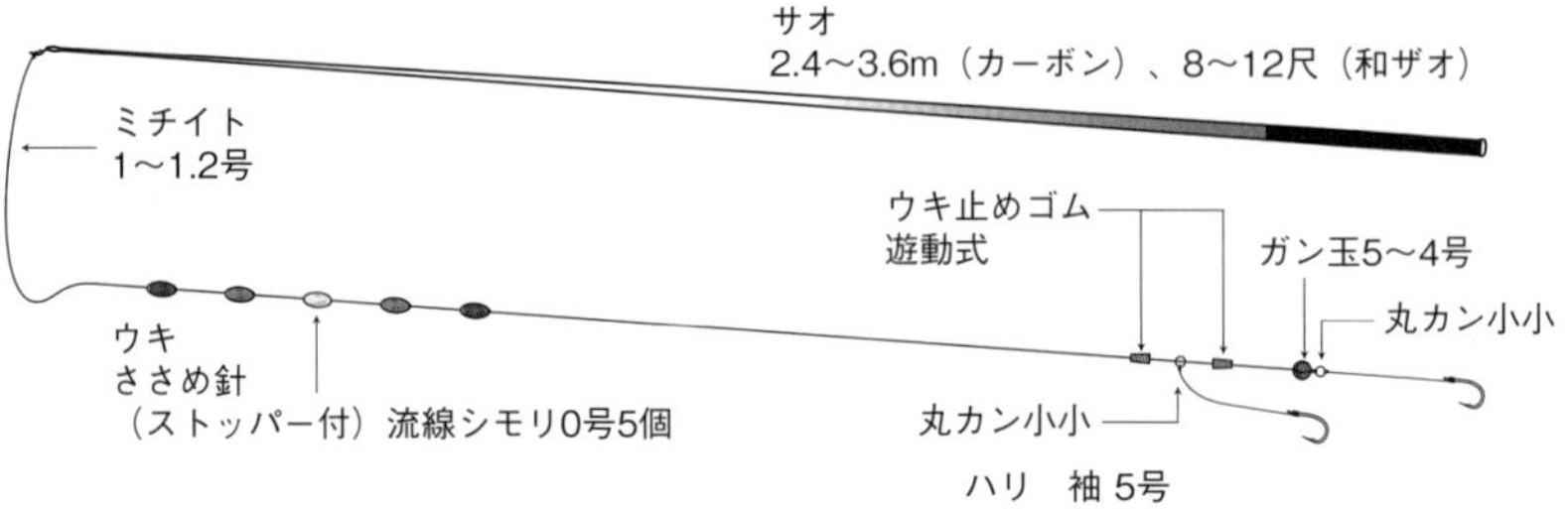
サオ
2.4～3.6m（カーボン）、8～12尺（和ザオ）
ミチイト
1～1.2号
ウキ止めゴム
遊動式
ガン玉5～4号
丸カン小小
ウキ
ささめ針
（ストッパー付）流線シモリ0号5個
丸カン小小

ハリ　袖 5号
ハリス　0.6～0.8号7～10cm
エサ　赤虫、キヂ

水路・川　上バリ遊動式2本バリ仕掛け

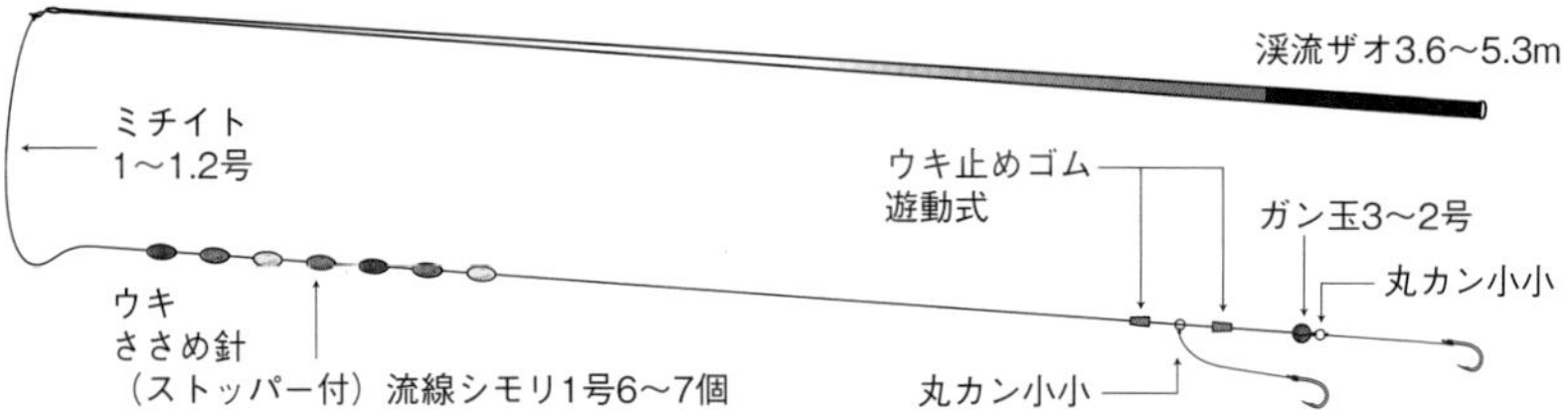
渓流ザオ3.6～5.3m
ミチイト
1～1.2号
ウキ止めゴム
遊動式
ガン玉3～2号
丸カン小小
ウキ
ささめ針
（ストッパー付）流線シモリ1号6～7個
丸カン小小

ハリ　袖 5号
ハリス　0.6～0.8号7～10cm
エサ　赤虫、キヂ（春）、
　　　グルテン（秋冬の探りグルテン用）

小ブナ仕掛け

探り釣り　上バリ遊動式2本バリ仕掛け

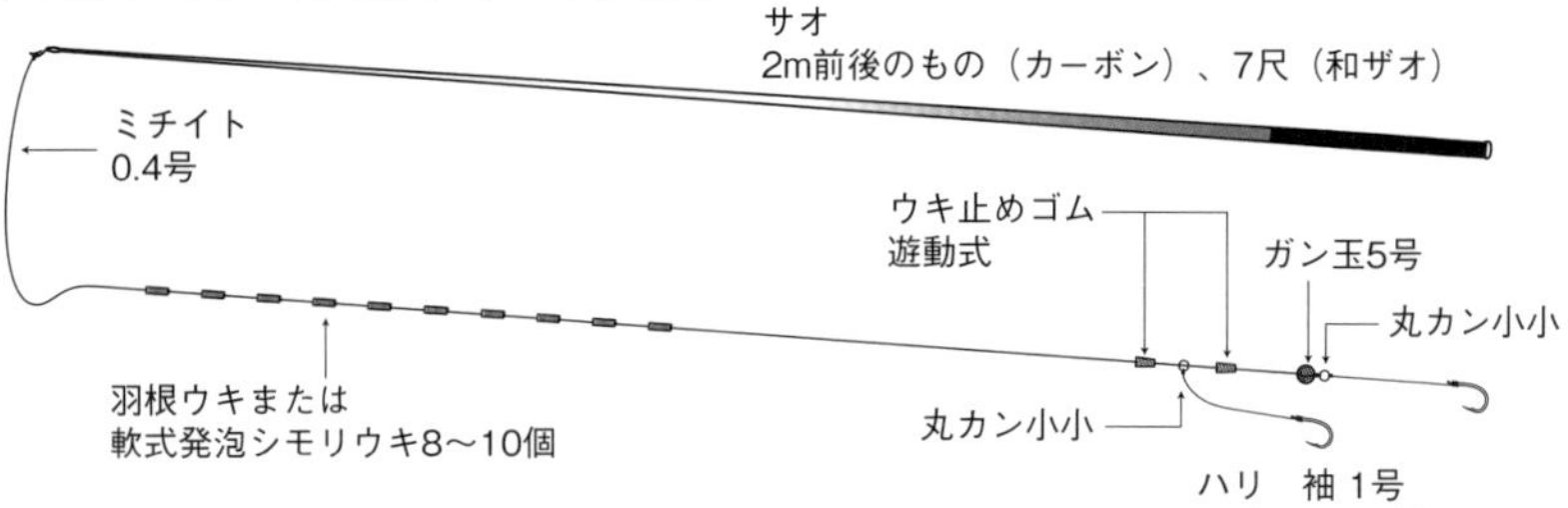
サオ
2m前後のもの（カーボン）、7尺（和ザオ）
ミチイト
0.4号
ウキ止めゴム
遊動式
ガン玉5号
丸カン小小
羽根ウキまたは
軟式発泡シモリウキ8～10個
丸カン小小

ハリ　袖 1号
ハリス　0.4号5～7cm
エサ　赤虫

エンコ釣り

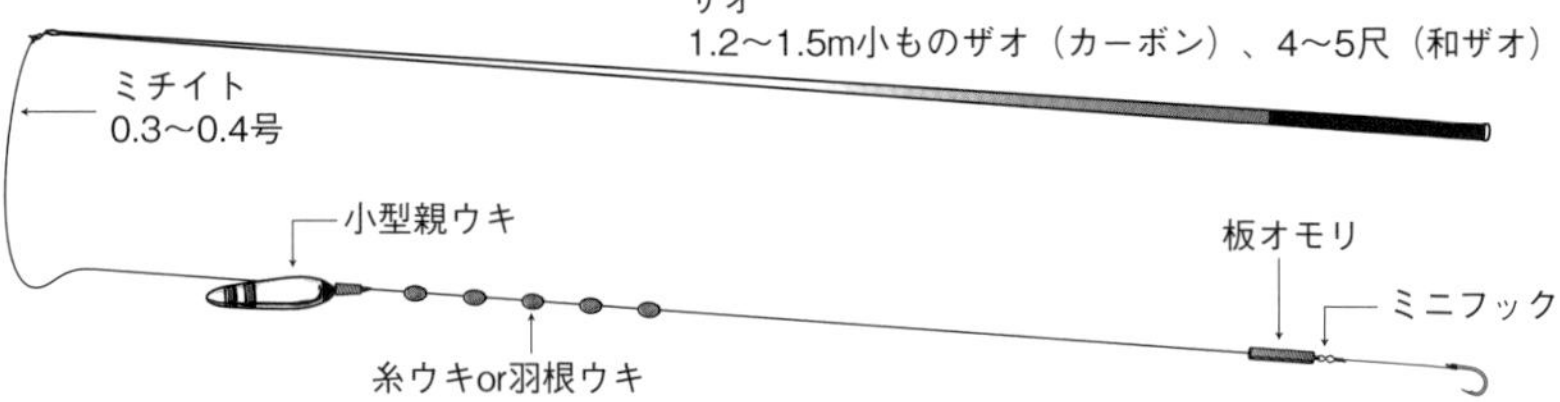
サオ
1.2～1.5m小ものザオ（カーボン）、4～5尺（和ザオ）
ミチイト
0.3～0.4号
小型親ウキ
板オモリ
ミニフック
糸ウキor羽根ウキ

ウキの浮力バランス
ウキが水面下で止まるゼロバランス
ウキがゆっくりと沈んでいく
遅ジモリバランス

ハリ　袖1号またはテトロン糸付タナゴバリ
　　（新半月、半月、流線）
ハリス　テトロン3cmまたは0.3～0.4号3～5cm
エサ　グルテン、赤虫

ヘラウキ仕掛け

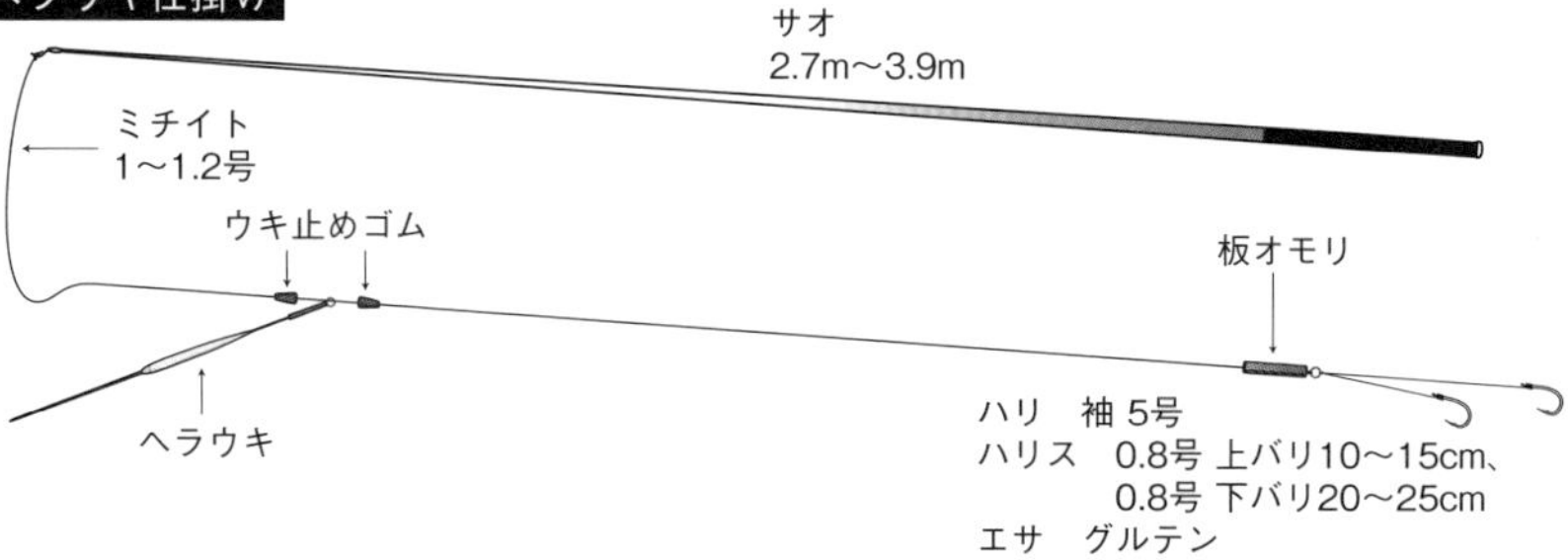
サオ
2.7m〜3.9m
ミチイト
1〜1.2号
ウキ止めゴム
板オモリ
ヘラウキ
ハリ　袖 5号
ハリス　0.8号 上バリ10〜15cm、
0.8号 下バリ20〜25cm
エサ　グルテン

タナゴ仕掛け

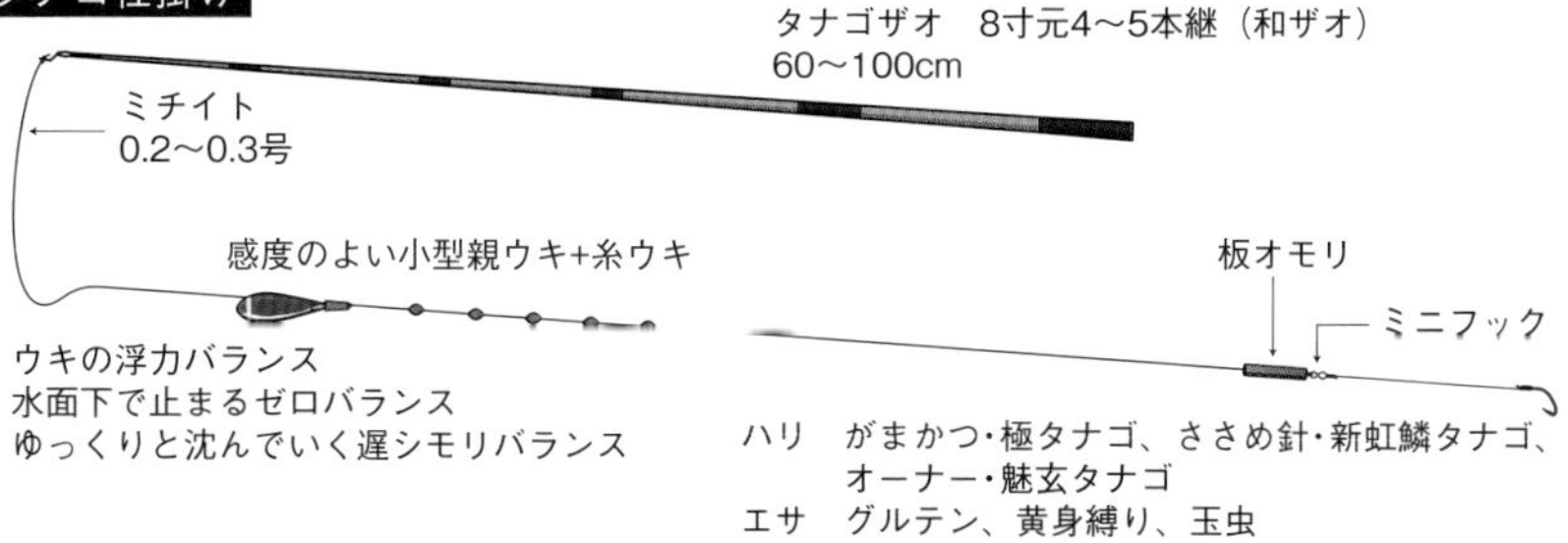
タナゴザオ　8寸元4〜5本継（和ザオ）
60〜100cm
ミチイト
0.2〜0.3号
感度のよい小型親ウキ+糸ウキ
板オモリ
ミニフック
ウキの浮力バランス
水面下で止まるゼロバランス
ゆっくりと沈んでいく遅シモリバランス
ハリ　がまかつ・極タナゴ、ささめ針・新虹鱗タナゴ、
オーナー・魅玄タナゴ
エサ　グルテン、黄身練り、玉虫

ハゼ仕掛け

（短ザオ）

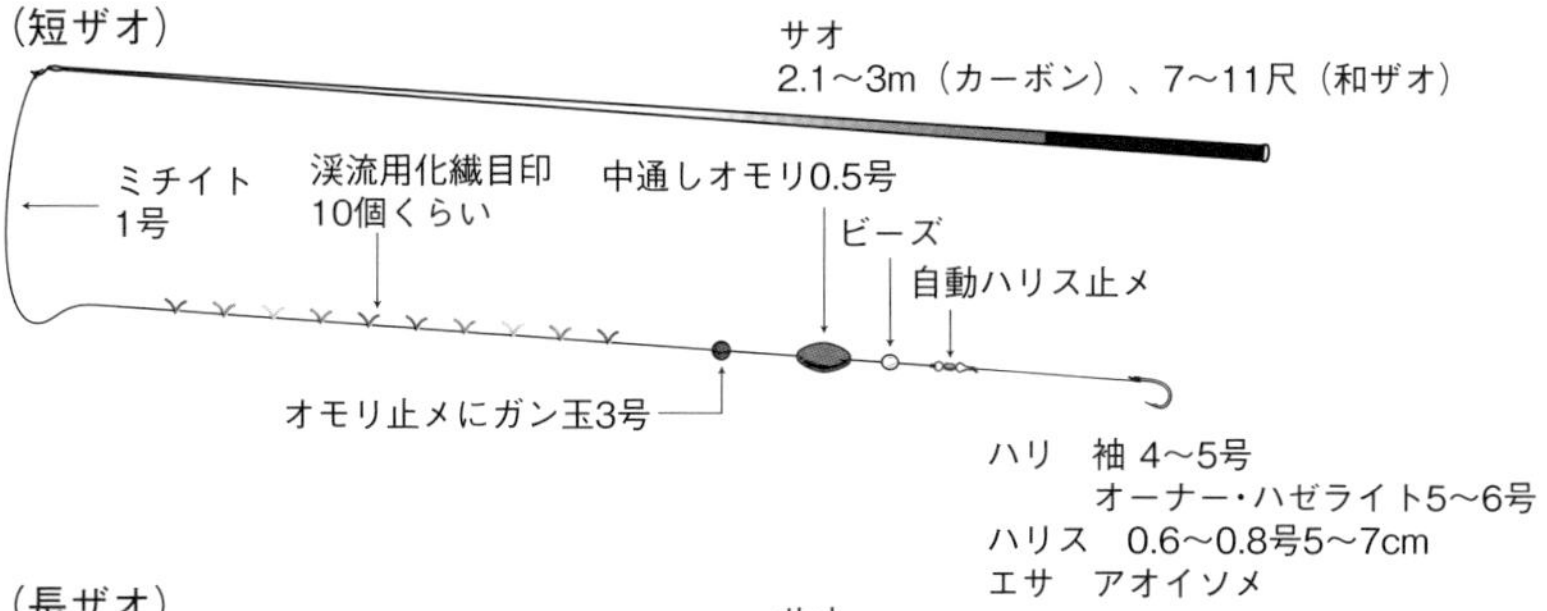
サオ
2.1〜3m（カーボン）、7〜11尺（和ザオ）
ミチイト
1号
渓流用化繊目印
10個くらい
中通しオモリ0.5号
ビーズ
自動ハリス止メ
オモリ止メにガン玉3号
ハリ　袖 4〜5号
オーナー・ハゼライト5〜6号
ハリス　0.6〜0.8号5〜7cm
エサ　アオイソメ

（長ザオ）

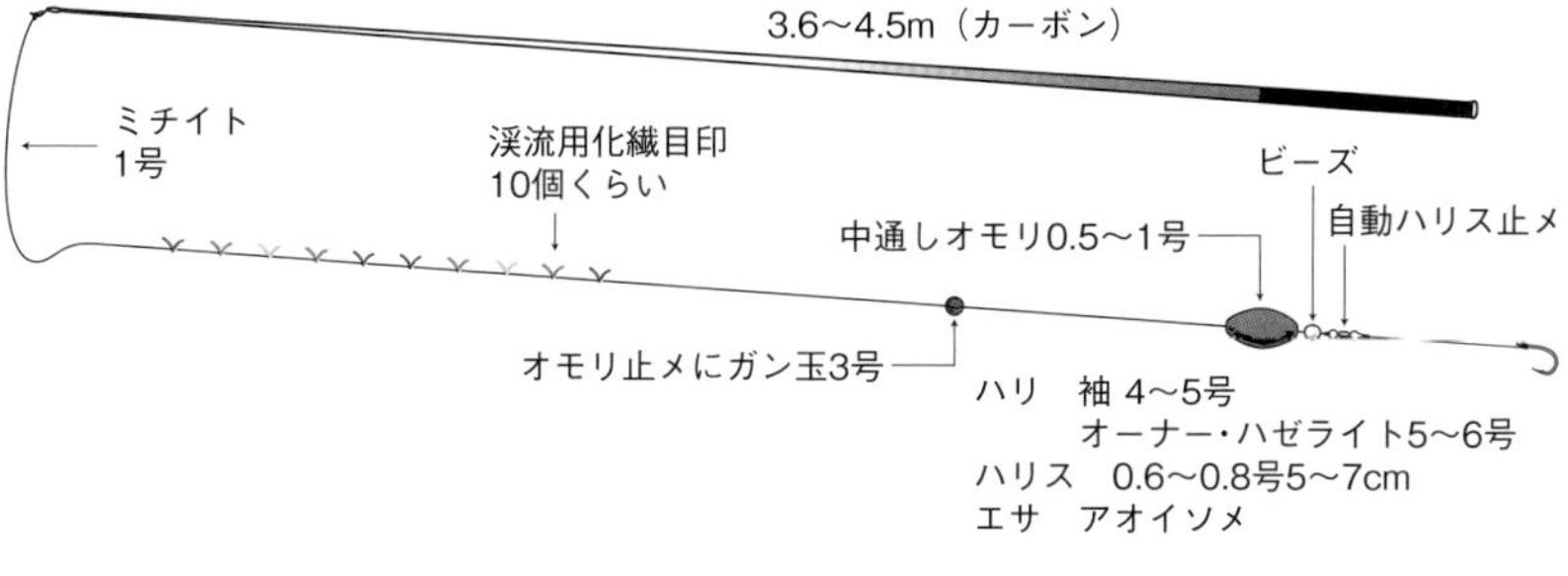
サオ
3.6〜4.5m（カーボン）
ミチイト
1号
渓流用化繊目印
10個くらい
ビーズ
自動ハリス止メ
中通しオモリ0.5〜1号
オモリ止メにガン玉3号
ハリ　袖 4〜5号
オーナー・ハゼライト5〜6号
ハリス　0.6〜0.8号5〜7cm
エサ　アオイソメ

ヤマベ仕掛け

フカセ釣り

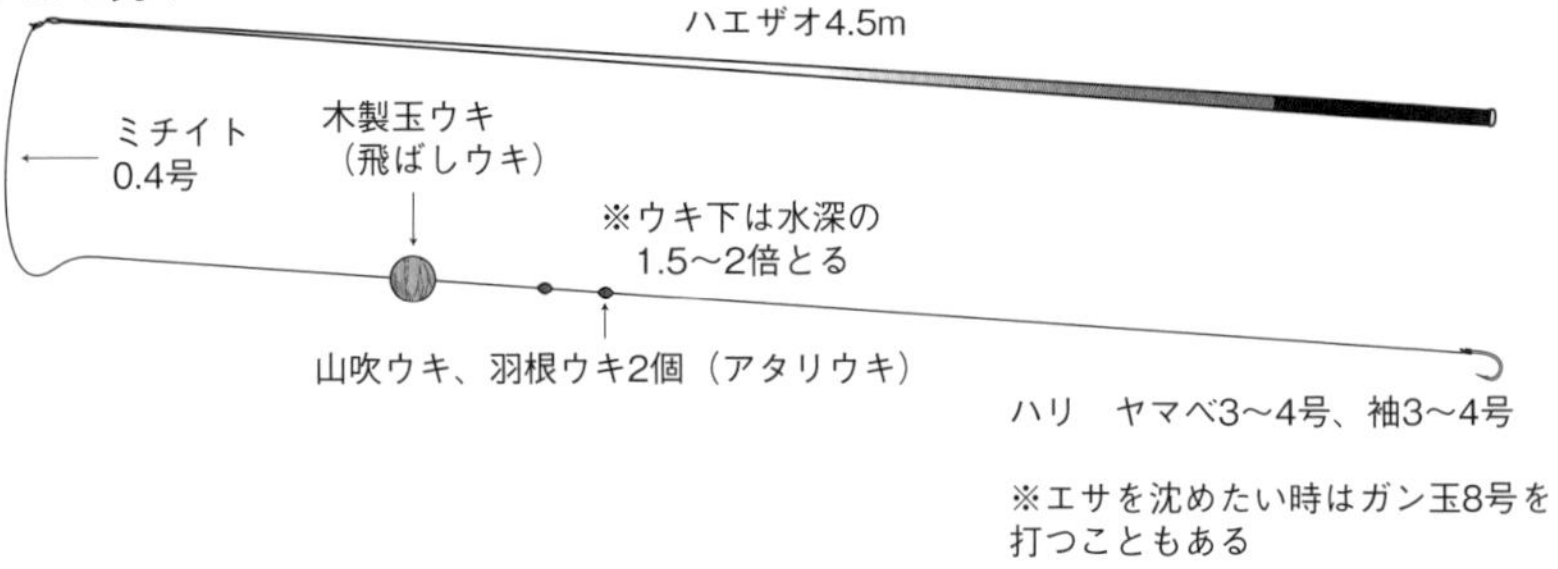
ハエザオ4.5m
ミチイト
0.4号
木製玉ウキ
（飛ばしウキ）
※ウキ下は水深の
1.5～2倍とる
山吹ウキ、羽根ウキ2個（アタリウキ）
ハリ　ヤマベ3～4号、袖3～4号
※エサを沈めたい時はガン玉8号を
打つこともある

立ちウキ釣り

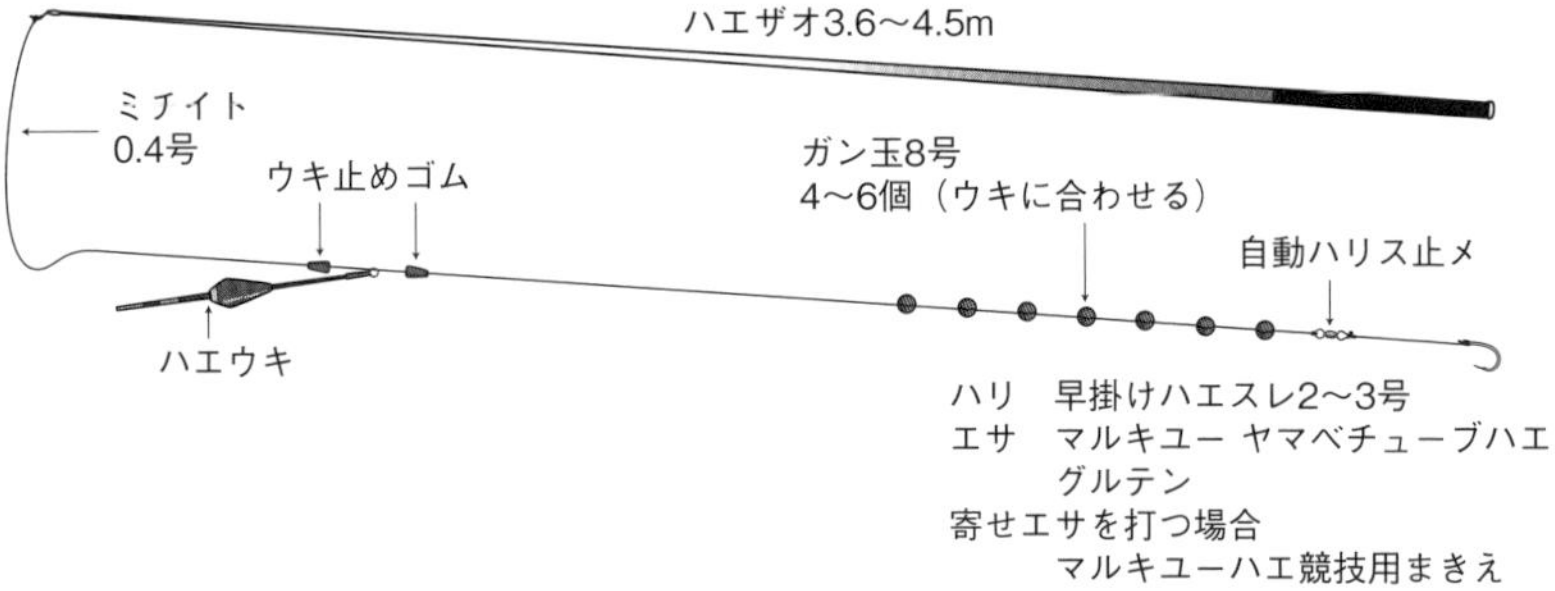
ハエザオ3.6～4.5m
ミチイト
0.4号
ウキ止めゴム
ガン玉8号
4～6個（ウキに合わせる）
自動ハリス止メ
ハエウキ
ハリ　早掛けハエスレ2～3号
エサ　マルキユー ヤマベチューブハエ
グルテン
寄せエサを打つ場合
マルキユーハエ競技用まきえ

毛バリ釣り

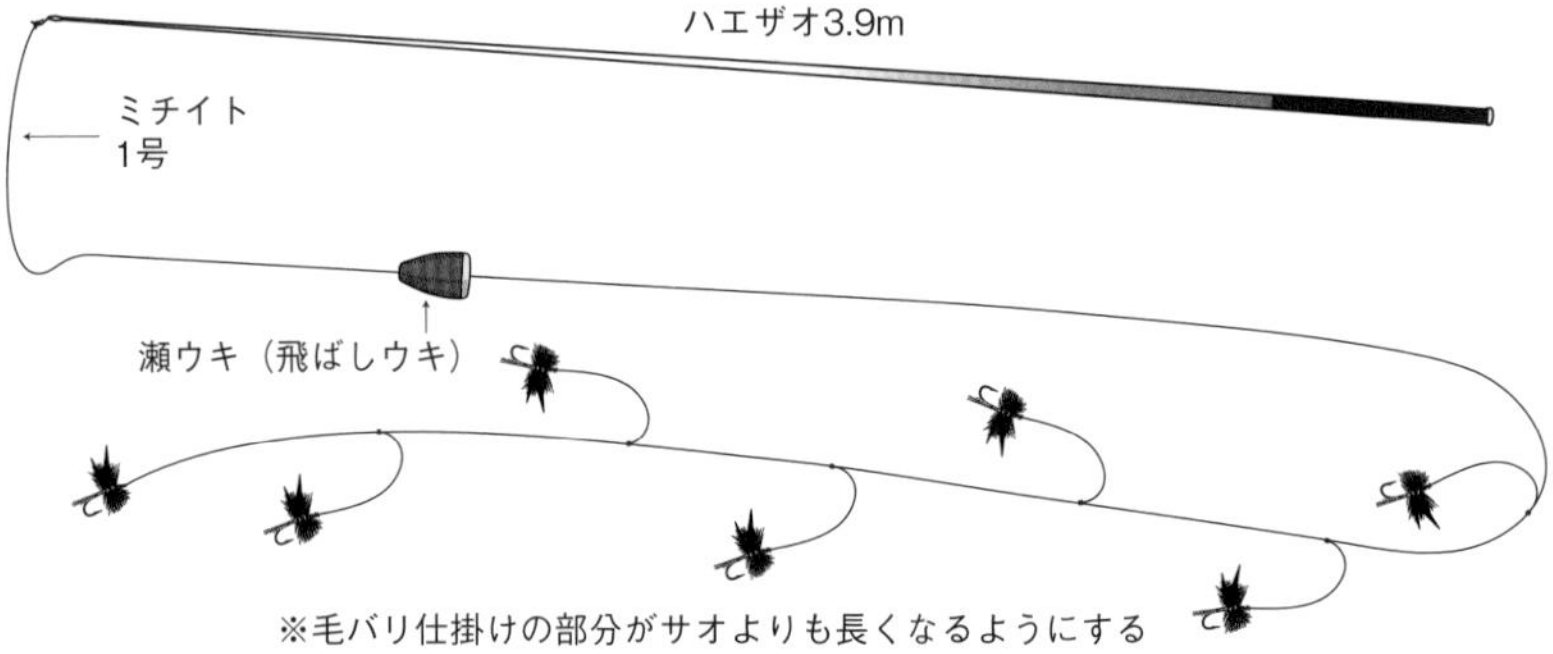
ハエザオ3.9m
ミチイト
1号
瀬ウキ（飛ばしウキ）
※毛バリ仕掛けの部分がサオよりも長くなるようにする

毛バリ仕掛けは市販品でも可
（著者が自分で結んでいる毛バリは、
音羽、赤クジャク、金血丸、清姫、二葉、菊水、
カラス、こだま、赤城1号、血丸など）

テナガエビ仕掛け

玉ウキ仕掛け

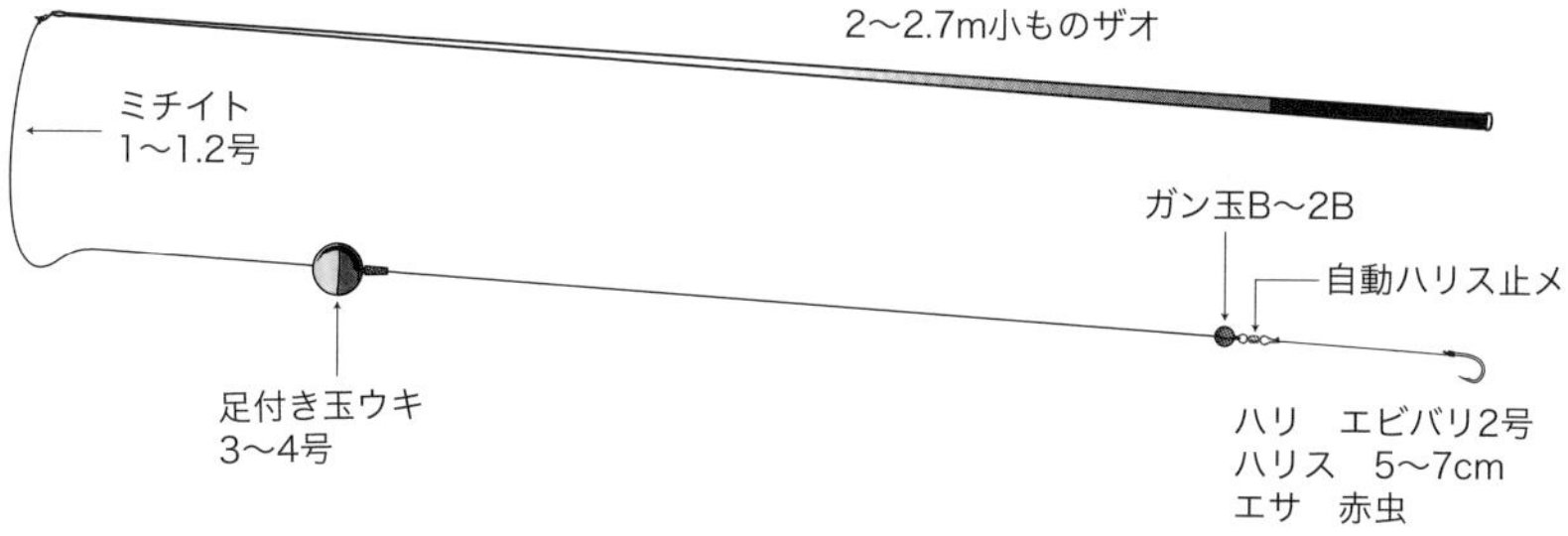
2〜2.7m小ものザオ
ミチイト
1〜1.2号
ガン玉B〜2B
自動ハリス止メ
足付き玉ウキ
3〜4号
ハリ　エビバリ2号
ハリス　5〜7cm
エサ　赤虫

シモリ釣り

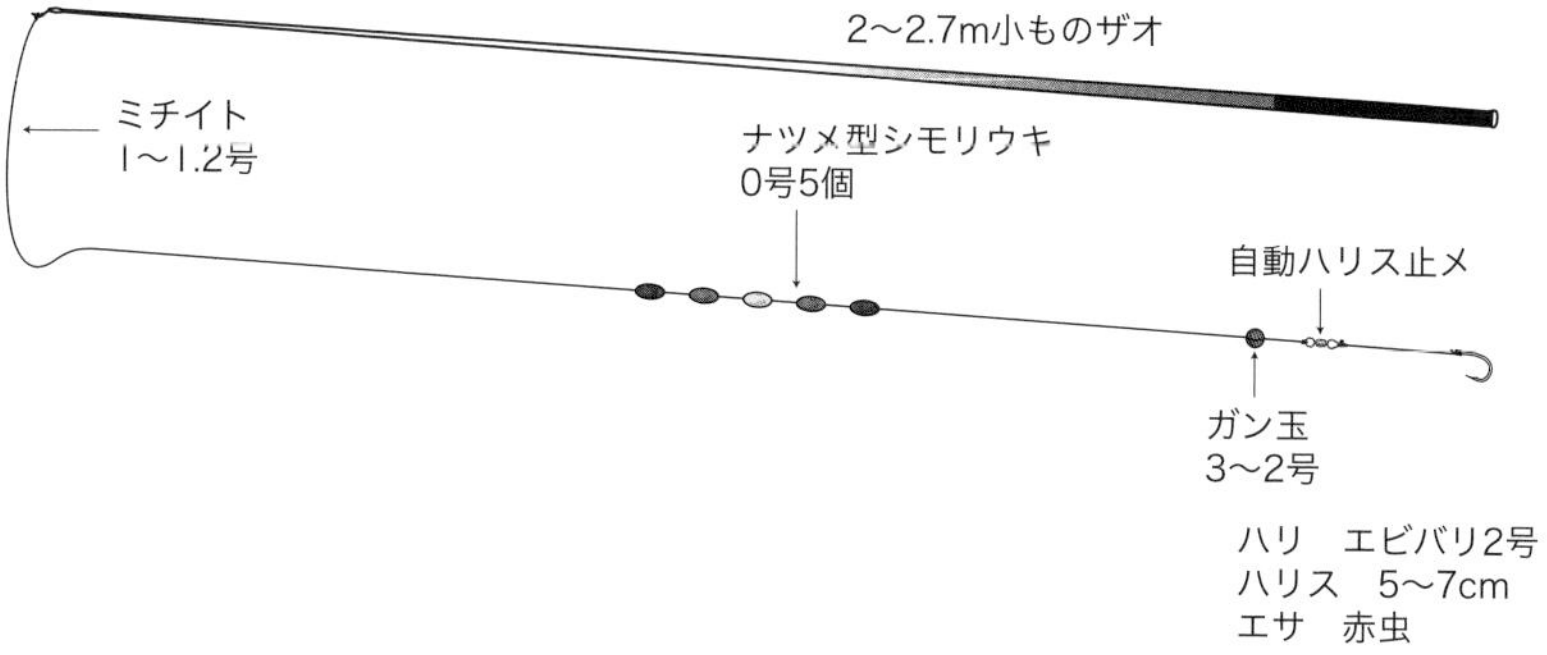
2〜2.7m小ものザオ
ミチイト
1〜1.2号
ナツメ型シモリウキ
0号5個
自動ハリス止メ
ガン玉
3〜2号
ハリ　エビバリ2号
ハリス　5〜7cm
エサ　赤虫

十字天ビン仕掛け

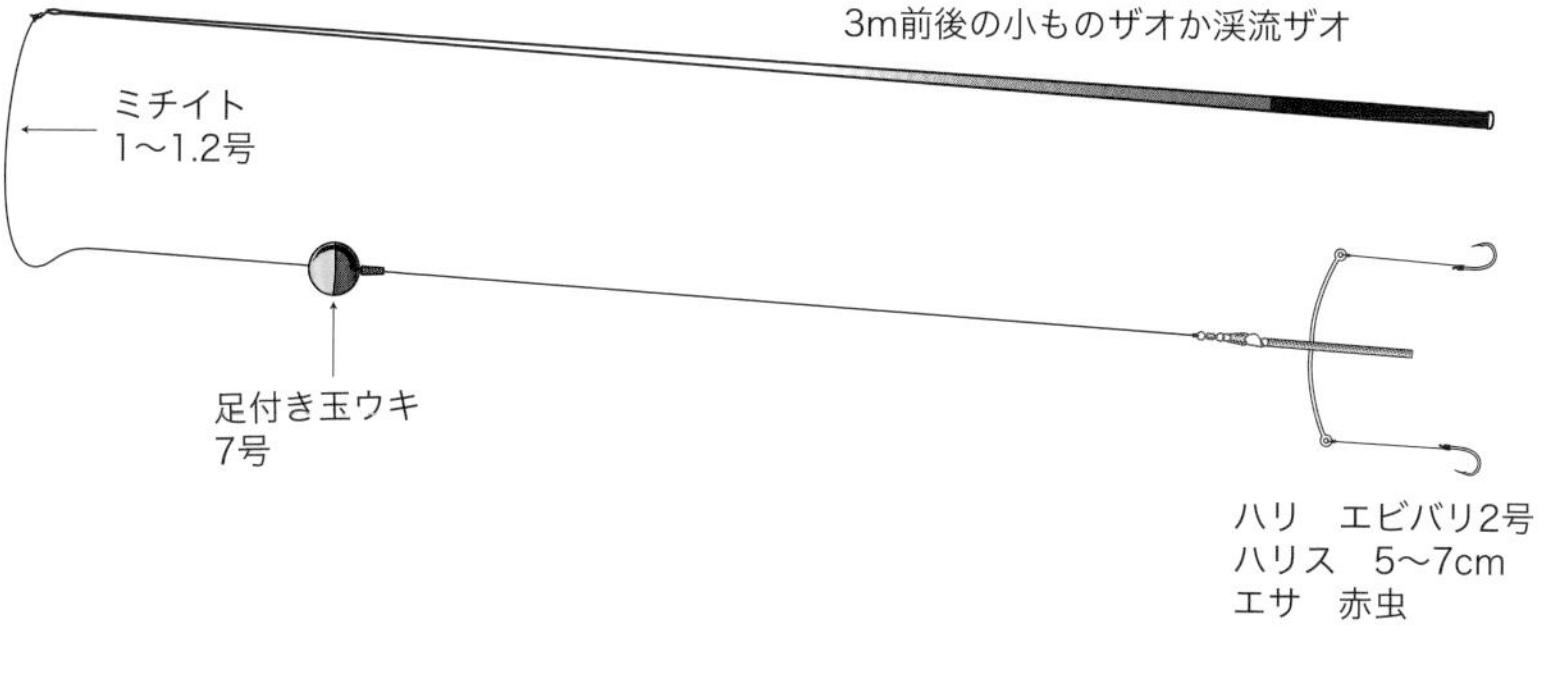
3m前後の小ものザオか渓流ザオ
ミチイト
1〜1.2号
足付き玉ウキ
7号
ハリ　エビバリ2号
ハリス　5〜7cm
エサ　赤虫

著者プロフィール

坂本和久（さかもと・かずひさ）

東京都中野区在住。淡水小もの釣りと鉄道をこよなく愛する「釣り鉄」。虫エサによるマブナ釣りは、一番好きなこだわりたい釣り。また小湊鉄道や八高線などのローカル線が大好きで、本数が少なくても電車で釣りに行きたい。2021 年４月に次男が就職するので息子２人の子育てが終了する。行きたかった釣り場、開拓したかった釣り場、乗りたかった電車はまだたくさんあるので、これからは今まで以上に釣りに出掛け、ますます「釣り鉄」熱に拍車がかかりそう。

令和版《れいわばん》 困《こま》った時《とき》はココ！ 東京近郊《とうきょうきんこう》キラキラ釣《つ》り場《ば》案内《あんない》60
タナゴ、フナ、ヤマベ、ハゼ、テナガエビ

2021 年 5 月 1 日発行

著　者　坂本和久
発行者　山根和明
発行所　株式会社つり人社

〒 101 － 8408　東京都千代田区神田神保町 1 － 30 － 13
TEL 03 － 3294 － 0781（営業部）
TEL 03 － 3294 － 0766（編集部）
印刷・製本　図書印刷株式会社

乱丁、落丁などありましたらお取り替えいたします。
©Kazuhisa Sakamoto 2021.Printed in Japan
ISBN978-4-86447-370-5 C2075
つり人社ホームページ　https://tsuribito.co.jp/
つり人オンライン https://web.tsuribito.co.jp/
釣り人道具店　http://tsuribito-dougu.com/
つり人チャンネル（You Tube）　https://www.youtube.com/channel/UCOsyeHNb_Y2VOHqEiV-6dGQ

本書の内容の一部、あるいは全部を無断で複写、複製（コピー・スキャン）することは、法律で認められた場合を除き、著作者（編者）および出版社の権利の侵害になりますので、必要の場合は、あらかじめ小社あて許諾を求めてください。